Tatjana Geßler

Unsere Tierklinik

Rettet die Hundewelpen

Mit Bildern von Kathrin Treuber

Planet Girl

Dieses Buch gehört:

~~Marlene Epp~~

Enja J-Herzog

Für Konrad und Kerstin

INHALTSVERZEICHNIS

1. Welpen in Not

Marie fröstelte. Die Herbstsonne stritt sich erbittert mit dem Morgennebel und versuchte, die vor sich hinträumenden Felder und Wiesen von ihrer feuchtkalten Zuckerwatteschicht zu befreien. Ihr Glanz spiegelte sich nur noch matt auf dem Fischweiher, für die leuchtenden Tage hieß es langsam, Abschied zu nehmen. Schon fehlte der Sonne die wärmende Kraft und Marie meinte, bereits den Geschmack von Schnee auf der Zunge zu spüren. Sie zog den Reißverschluss ihrer Jacke bis unters Kinn und schmiegte sich in Stracciatellas warmes Hundefell.

Wie sie diese frühen, einsamen Momente liebte. Wenn die Welt und die Tierklinik noch friedlich dösten, wenn alles in morgendlicher Stille zu versinken schien, Tau und Nebel noch schwer und unberührt auf den Gräsern hingen.

Zeitig hatte sich Marie aus den warmen Kissen geschält, um wieder die Erste hier draußen bei ihren Rehen zu sein. Weder Wind noch Wetter konnte sie davon abhalten. Wenn sie die Raufe mit süß duftendem Heu und die Tränke mit frischem Wasser gefüllt hatte und ihr Hund Stracciatella alle drei Rehe ausführlich mit zärtlichen Nasenstübern begrüßt hatte, setzte sie sich immer einen Augenblick auf das Gatter des Rehgeheges. Von dort oben schaute sie ihren zartgliedrigen Lieblingen beim Äsen zu und kraulte Stracciatella versonnen hinter den Ohren, um dann den Blick über ihre geliebte Heimat schweifen zu lassen. Wie glücklich sie hier war!

Dass sie vor ein paar Jahren noch in der Frankfurter Innenstadt gelebt hatte, kam ihr heute fast unwirklich vor. Als sie mit ihren Eltern in die Nähe von Heidelberg aufs Land gezogen war, ging für sie ein Traum in Erfüllung. Ihrem Vater in seiner Tierklinik, im Stall oder auf der Krankenstation zu helfen, mit ihrer Freundin Maike und deren Pferd Herr Huber auszureiten, Zeit mit ihren Rehen, Kaninchen, mit ihrem Hund und den Patienten der Tierklinik zu verbringen – für Marie konnte es nichts Schöneres geben. Selbst die Schule machte ihr keine Mühe. Seit ihr Vater die Tierklinik besaß, gab es für sie keinen Zweifel mehr, wofür sie lernte: um eines Tages Tiermedizin zu studieren und in seine Fußstapfen zu treten.

Marie genoss es, sich an diesem Samstagmorgen Zeit lassen zu können. Ihr Vater arbeitete zwar meistens auch am Wochenende, aber die Tierklinik öffnete erst in zwei Stunden. Noch ahnte Marie nicht, dass sich die Tiere auch heute wieder mal an keinen Zeitplan halten würden. Die Aussicht, dass sie am Nachmittag wieder mit Maike und deren Haflinger ausreiten würde, zauberte ihr ein Lächeln ins Gesicht. Maikes Eltern waren Landwirte und ihr Hof lag nur einen Katzensprung von der Tierklinik entfernt.

Als Stracciatella ein gelangweiltes Gähnen hören ließ und Marie ungeduldig mit seiner feuchten Nase am Arm stupste, schreckte sie aus ihren Gedanken hoch.

»Ist ja gut, ich weiß, du willst jetzt lieber rumtoben. Wir gehen ja schon«, besänftigte ihn Marie und sprang mit ihm von der Umzäunung, die Tierarzthelfer Steffen Huber mit viel Liebe gebaut hatte.

Steffen war für Marie mehr als der Stallhelfer und die gute Seele der Tierklinik. Steffen war ihr bester Freund, genau genommen hatte sie zwei Freunde: ihn und Markus Roth aus der Klasse über ihr. Und Steffen war Teil der Familie. Mit ihm gab es immer was zu lachen, stets hatte er für ihre Sorgen ein offenes Ohr. Und keiner verstand es, mit Tieren zu kommunizieren wie er. Für Steffen war es völlig normal, mit Tieren zu reden, und es, störte ihn nicht die Bohne, dass viele ihn deshalb für merkwürdig und verschroben hielten.

Nie würde Marie den tragischen Vorfall mit dem teuren Dressurpferd vergessen: Der besorgte Besitzer brachte die Schimmelstute eines Tages völlig aufgelöst in die Klinik. Ihr ganzer Körper zitterte wie Espenlaub, war klatschnass geschwitzt und sie konnte sich vor Schmerzen kaum noch auf den Beinen halten. Schnell war für Maries Vater Dr. Werber klar, dass sie an einer ernsten Kolik litt: schwerwiegende Bauchprobleme, die nicht selten zum Tod führen.

Ihr Vater kämpfte erbittert um das Leben der Stute. Er gab ihr krampflösende Medikamente, Infusionen, schmerzstillende Mittel. Aber nichts half. Auch eine eilig einberufene Notoperation brachte keine Besserung und der Tierarzt musste sie schließlich schweren Herzens aufgegeben. Die Lage schien aussichtslos.

Doch Steffen wollte sich nicht geschlagen geben. »Doktor, schläfern Sie die Stute nicht gleich ein. Bitte geben Sie mir noch ein wenig Zeit mit ihr!«, bekniete er Maries Vater und der gab widerwillig nach. Die ganze Nacht verbrachte Steffen in ihrer Box, versorgte die Stute mit Medikamenten, streichelte sie und redete ihr gut zu.

Als der Tierarzt sie am nächsten Morgen von ihren Leiden erlösen wollte, hatte sich ihr Zustand deutlich gebessert. Für alle ein unfassbares Wunder. Aber als Dr. Werber Steffen fragte, wie er es sich erkläre, dass er die Stute doch noch hatte retten können, meinte der nur beiläufig: »Ich habe ihr klargemacht, dass ich bei ihr bin und sie nicht aufgeben darf, und das hat sie verstanden.« Liebe und Zuwendung, davon war Steffen überzeugt, konnten manchmal mehr bewirken als jede Medizin.

Obwohl Maries Vater diese Ansicht nicht uneingeschränkt teilte, redete auch Marie seitdem mit allen Tieren. Mit manchen allerdings nur, wenn sie keiner dabei belauschte. Einen Plausch mit Stracciatella oder Huberchen zu halten, war für sie normal und es durfte ruhig jeder mitbekommen. Marie war fest davon überzeugt, dass Stracciatella alles verstand, was sie ihm mitteilte. Aber als ihr Vater einmal zufällig mitbekam, wie sie im Gemüsebeet ihrer Mutter mit einer Nacktschnecke eine kleine Unterredung hatte, war ihr das vor ihrem Vater dann doch ein wenig peinlich gewesen.

Stracciatella begann jetzt, freudig zu kläffen, rannte Marie voraus und sprang mit seinen schlammigen Pfoten an Dr. Werber hoch, der ihnen auf dem Hof entgegeneilte.

»Stracciatella, lass das, du machst mich doch ganz dreckig!« Der Tierarzt versuchte, ihn mit einer Hand abzuwehren, öffnete seinen Geländewagen und warf hastig die Arzttasche auf den Rücksitz.

»Marie, kommst du mit ins Tierheim und hilfst mir dort? Die Leiterin, Inken Pallas, hat mich eben angerufen. Aufmerksame Spaziergänger haben am Waldrand drei kleine Hunde in einer Plastikbox gefunden, die dringend behandelt werden müssen. Ich muss mich beeilen!«

Was für eine Frage! Selbstverständlich würde sie mitkommen! Marie ließ Stracciatella in den hinteren Teil des Wagens schlüpfen, der mit einem

Trenngitter abgeteilt war, sprang auf den Beifahrersitz und schüttelte ungläubig den Kopf. »In einer Plastikbox?!«

Dr. Werber ließ den Wagen an und nickte traurig. Auf seiner Stirn bildeten sich tiefe Furchen. Ein untrügliches Zeichen dafür, dass er über etwas sehr ärgerlich oder unglücklich war.

»Ja, du hast richtig gehört, in einer Plastikbox. Verschlossen!« Er fuhr die Hauptstraße entlang und lenkte den Wagen an der kleinen Kirche und dem noch menschenleeren Marktplatz vorbei. Stracciatella rollte sich winselnd auf seiner Decke zusammen und legte sich eine Pfote über den Kopf. Bestimmt fragte er sich, warum die Menschen schon wieder so etwas Abscheuliches mit seinen Artgenossen gemacht hatten.

»Sie sind doch nicht etwa erstickt?«, wollte Marie besorgt wissen.

»Sie scheinen noch zu leben, aber sie sind wohl sehr schwach. Ich hoffe, sie kommen durch. Ich muss sie gleich untersuchen, auch um rauszubekommen, ob sie Schäden davongetragen haben oder an sonstigen Krankheiten leiden.«

Dr. Werber war Vorstandsmitglied des Tierschutzvereins und behandelte die Tierheimschützlinge kostenlos. Regelmäßig kam er zum Gesundheitscheck, zum Impfen oder Entwurmen. Oder eben zu Notfällen wie diesem.

Marie war immer wieder entsetzt darüber, zu was für furchtbaren Verbrechen an Tieren Menschen fähig waren. Sprachlos vor Wut grub sie ihre Fingernägel in den Sitz, auch wenn der nichts dafürkonnte.

Das Tierheim lag am westlichen Ortsrand direkt am Wald und das aufgeregte Bellen der Hunde empfing sie bereits, als sie vor das Hauptgebäude fuhren. Stracciatella sprang wie ein Gummiball am Heckfenster auf und ab, wedelte aufgeregt mit seinem kleinen Schwanz und konnte es kaum erwarten, aus dem Auto gelassen zu werden. Er liebte diesen Ort! An jedem Steinchen und Hälmchen hatte irgendein Hund sein Bein gehoben und spannende Neuigkeiten hinterlassen. Stracciatella begann sofort wissbegierig, die neusten Hundenachrichten zu erschnüffeln.

»Stracciatella, komm, es bleibt jetzt keine Zeit, Hundezeitung zu lesen«, ermahnte ihn Dr. Werber und eilte mit Marie auf Inken Pallas' Büro zu.

Enttäuscht hinterließ Stracciatella noch schnell seinerseits eine Duftmarke und folgte den beiden.

Doch das Büro war bis auf eine verletzte Ente, die ihnen neugierig in ihrem Babylaufstall entgegenhumpelte, leer. Keine Welpen, keine Tierheimleiterin.

»Frau Pallas?«, rief Dr. Werber.

Die Ente sah sie fragend an.

Keine Antwort. Sein Rufen ertrank im lauten Gebell der Hunde.

»Vielleicht ist sie im Aufnahmeraum. Lass uns dort nachschauen«, schlug Dr. Werber vor.

Sie folgten dem schmalen Gang, den rechts und links geräumige Käfige säumten, in einen weiteren Trakt des Gebäudes. Hinter jedem Gitter begrüßte sie erwartungsfroh bellend ein Hund, folgte ihnen eine Käfiglänge, schaute sie aus traurigen Augen an und hoffte, dass der Mensch, der da den Gang entlangkam, endlich sein Mensch werden würde. Sein Herrchen oder Frauchen, das ihm endlich wieder eine Familie geben würde, die er beschützen konnte. Sein kleines Rudel, nach dem er sich so sehnte. Doch sobald die Käfiglänge durchschritten war und die neuen Besucher weitergelaufen waren, zerbrach der Traum. Um beim nächsten Tierheimbesucher aufs Neue fieberhaft geträumt zu werden.

Marie brach es fast das Herz, in all die sehnsuchtsvollen Augen zu blicken, die sich nichts mehr wünschten als Liebe und Zuwendung. Sie wusste von ihrem Vater, wie überfüllt das Tierheim war und dass es dringend mehr Platz für die Unterbringung weiterer Tiere benötigte. Seit Jahren war man bemüht, Spendengelder für den Ausbau des Tierheims einzutreiben, aber sie reichten längst nicht aus, um mit dem Bau zu beginnen. Und jeden Tag kamen neue Hunde, Katzen, Hasen, Meerschweinchen, Hamster, Pferde, Esel, Enten, Schwäne, ja sogar Schweine oder Frettchen hinzu. Aber viel zu selten fand eine der ungeliebten Kreaturen ein neues Zuhause.

»Frau Pallas?«, rief Dr. Werber abermals und unterbrach Maries Gedanken.

Endlich vernahm Marie eine aufgeregte Antwort aus dem Aufnahmeraum, in dem die Tiere zuerst untersucht wurden, bevor sie einen Käfig zugewiesen bekamen.

»Herr Doktor, hier bin ich! Gott sei Dank, Sie sind da!« Inken Pallas kam ihnen entgegengeeilt und gab dem Tierarzt zur Begrüßung fahrig die Hand. »Ich hoffe, es ist noch nicht zu spät. Hier auf dem Tisch sind die Welpen. Es geht ihnen sehr schlecht, sie sind völlig unterkühlt. Ich habe sie in diese Decke gewickelt.« Sie trat zur Seite und gab den Blick auf den Tisch frei.

Marie stockte der Atem.

2. Ein trauriger Morgen

Marie hatte schon unzählige verletzte oder kranke Tiere gesehen. Auch solche, die bald sterben mussten. Aber den elenden Anblick der drei Dackelwelpen musste Marie erst einmal verdauen.

Kraftlos ragten ihre braunen Köpfchen aus der wärmenden Wolldecke, ihre Mäulchen japsten röchelnd nach Luft. Jede einzelne Rippe zeichnete sich durch das verfilzte Fell ihrer kleinen ausgemergelten Körper ab. Die Augen tränten, aus ihren Näschen floss eine klare Flüssigkeit, die Ohren waren verkrustet und schwarz wie Ruß. An manchen Stellen waren Haare ausgefallen, bildeten sich Bläschen und Schorf. Kein Zweifel, die Welpen waren schwer erkrankt. Aber woran?

An den verkrusteten Ohren erkannte Marie zumindest, dass sie stark von Milben befallen waren. Von juckenden Parasiten, die sich von Hautschüppchen ernähren, sich in die Haut einnisten und zu schweren Hautkrankheiten und Ekzemen führen.

Dr. Werber entfuhr ein »Du liebe Güte«, als er die Decke zurückschlug, um die Welpen sorgfältig zu untersuchen. Der Kleinste der drei fing trocken an zu husten, während Dr. Werber ihn vorsichtig abtastete. Der Tierarzt schüttelte traurig den Kopf.

Auch wenn er nichts sagte, verstand Marie, dass ihr Vater in diesem Augenblick das Gleiche empfand wie sie: Wut und Traurigkeit. Gefühle, die mit jedem Röcheln, jedem Husten wuchsen. Maries Augen wurden feucht und das Bild der bedauernswerten Hündchen verschwamm für einen kurzen Moment.

»Wer ist zu so etwas fähig? Wer lässt seine Hunde so verwahrlosen, so leiden?«, fragte Marie mit tränenerstickter Stimme.

Dr. Werber warf ihr einen mitfühlenden Blick zu. »Ich weiß es nicht. Aber glaub mir, wenn ich denjenigen zu fassen bekäme, müsste ich mich sehr zusammenreißen, nichts Unüberlegtes zu tun.«
Inken Pallas knetete nervös ihre Hände und ließ die Welpen keinen Moment aus den Augen, als der Tierarzt deren Organe abhörte, ihre Temperatur maß und prüfend in ihre kleinen Rachen schaute.

»Wissen Sie, Dr. Werber, in den über 20 Jahren, die ich dieses Tierheim leite, habe ich schon viel Elend und Leid miterleben müssen. Aber es zerreißt mir immer wieder aufs Neue das Herz. Mein Gott, sie sind doch noch so winzig! Steht es sehr schlecht um sie?«

Dr. Werber holte Spritzen und Kanülen aus seiner Tasche und fing an, milchige Flüssigkeit in winzigen Fläschchen aufzuschütteln. »Es ist ein Wunder, dass sie in ihrem schlechten Zustand nicht in der Plastikbox erstickt sind. Was das betrifft, werden sie wohl keine bleibenden Schäden davontragen. Viel mehr Sorgen bereitet mir ihre Verfassung. Sie leiden unter starkem Milbenbefall, sind unterernährt und geschwächt, und in Folge haben sie sich einen ordentlichen Zwingerhusten eingefangen. Eine Viruserkrankung, die für andere Hunde sehr ansteckend ist. Wenn wir hier fertig sind, müssen Sie alles gut desinfizieren und die Dackel sofort in der Quarantänestation unterbringen.«

Der Tierarzt gab den braunen Welpen jeweils eine Spritze und drehte sich zu Marie. »Bringst du bitte Stracciatella vor die Tür? Ich will kein Risiko eingehen.«

Stracciatella mochte es gar nicht, wenn er nicht

an Maries Seite sein konnte, und ließ sich nur widerstrebend am Halsband auf den Gang hinausziehen. Beleidigt sah er Marie mit seinen tollkirschschwarzen Augen an, begann dann aber neugierig schnüffelnd sein Näschen durch die Gitter der Käfige zu stecken, um mit dem einen oder anderen Tierheimhund Freundschaft zu schließen.

Marie machte die Tür des Aufnahmeraums hinter sich zu und half ihrem Vater, den Welpen gründlich die Ohren zu reinigen und sie mit Milbensalbe zu behandeln. Dr. Werber zeigte Frau Pallas, wie man die Ohren eincremt, und reichte ihr die weiße Tube.

»Die lasse ich Ihnen da. Sie enthält einen Wirkstoff, der die Milben abtötet und den Juckreiz lindert. Wenn Sie die Hunde mehrmals täglich damit behandeln, sind sie die Quälgeister in ein paar Tagen los. Ich habe den Kleinen Antibiotikum verabreicht und werde heute Abend wieder nach ihnen sehen. Sie brauchen jetzt viel Ruhe, Flüssigkeit und nahrhaftes Welpenfutter, damit sie wieder zu Kräften kommen. Ob sie überleben werden, kann ich jetzt noch nicht sagen. Gibt es denn irgendeinen Verdacht, wer ihnen das angetan hat?«

Inken Pallas schüttelte den Kopf. »Leider nein.

Wir kennen hier in der Gegend nur einen Dackelzüchter, und der hält seine Hunde einwandfrei. Mir ist das alles unbegreiflich.«

Dr. Werber packte seine Tasche und sie verabredeten sich mit der Tierheimleiterin für den Abend.

Am Nachmittag riss der Wind wütend die letzten Blätter von den Bäumen, die Felder bereiteten sich aufs Wintergrau vor und dünner Sprühregen streichelte Marie und Maike mit klammer Hand über die Gesichter.

Ackerfurchen und Graswege hatten sich in zähen Schlamm verwandelt und Huberchens Hufe schmatzten mit jedem seiner schwerfälligen Schritte. Das Fell zu nass, der Bauch für seinen Geschmack viel zu leer, trottete er missmutig vor sich hin. Und auch Marie konnte den Ausritt nicht richtig genießen. Das Bild der verwahrlosten Dackelwelpen folgte ihr wie ein Schatten.

Nur Maike und Stracciatella ließen sich die Laune nicht verregnen. Die Freundin summte ein

Lied, Stracciatella kuschelte sich zufrieden zwischen die Mädchen und beobachtete aufmerksam die vorbeiziehende Landschaft.

»Marie, hör auf, dir deinen Kopf zu zerbrechen«, versuchte Maike sie aufzumuntern. »Du weißt, wie gut dein Vater ist. Du wirst sehen, bereits heute Abend sind die Welpen über den Berg. Wenn du jetzt traurig bist, kann ich das verstehen, aber damit hilfst du ihnen auch nicht.« Maike drehte sich nach Marie um und grinste sie breit an. »Was hältst du von einem kleinen Galopp?!« Sie trieb ihren Wallach an. »Komm, Huberchen! Wir pusten Marie mal eben die traurigen Bilder aus ihrem Kopf.«

Huberchen fiel in einen schaukelnden Galopp und Stracciatella bellte vergnügt. So war Maike. Mit einem einzigen Lächeln wischte sie Marie die Traurigkeit vom Gesicht. Maike schaffte es, selbst das größte Loch in ihrem Herz mit Zuversicht und Trost zu füllen.

Ihre Gesichter glänzten vor Freude und Nässe, als Huberchen schließlich schnaufend zurück in den Schritt fiel.

Der Ausritt machte so Spaß, dass sie kurzerhand beschlossen hatten, den langen Weg zu nehmen, den sie sonst fast nie ritten. Ihr Dorf lag jetzt weit zurück und seine rotbraunen Dächer verloren sich hinter dem Vorhang aus Nieselregen. Als sie eine Anhöhe erreichten, tauchte vor ihnen plötzlich ein kleiner, einsamer Hof auf. Schutzsuchend schmiegte sich das Wohnhaus an den Waldrand, großzügige Koppeln säumten Stall und Scheune.

»Weißt du, wer dort lebt?«, fragte Marie Maike.

Die ließ ihre roten Locken nach links und rechts tanzen. »Keine Ahnung. Komm, reiten wir hin. Ich bin neugierig zu sehen, was sie dort für Tiere halten.«

Aber als sie auf den Hof kamen, empfing sie nur eine unheimliche Stille. Lediglich das Klappern von Huberchens Hufen auf dem Kopfsteinpflaster hallte dumpf von den Wänden. Im Stall muhten keine Kühe, grunzten keine Schweine und blökten keine Schafe. Und auch das Wohnhaus schien wie ausgestorben. Es war ein schönes, von einem alten Gerüst gefangen gesetztes Haus. Ganz offensichtlich hatte vor Jahren irgendjemand den Versuch unternommen, dem Haus ein neues Kleid anzulegen. Aber etwas musste ihm dazwischengekommen sein. Zwei geöffnete, mittlerweile verrostete Farbeimer standen noch auf den Holzbrettern, Pinsel ragten aus den Töpfen, als hätte jemand sie eben erst hineingetaucht.

»Lass uns wieder zurückreiten, ich finde es hier irgendwie unheimlich«, flüsterte Marie.

Aber Maike wollte sich erst noch ein wenig umsehen. »Wenn der sahnefarbene Kasten nicht diese verrostete Zahnspange im Gesicht hätte, wäre er wirklich sehr schön«, meinte sie mit Blick auf das Gerüst und lenkte Herrn Huber Richtung Koppeln.

Als sie eine dichte Brombeerhecke passierten, scheute Herr Huber plötzlich, machte einen riesen Satz zur Seite und die Freundinnen wären fast von seinem Rücken gefallen.

»Was hast du denn auf einmal? Wieso bist du so erschrocken?«, fragte Maike und streichelte ihm beruhigend seinen nassen Hals.

Marie war die Erste, die den Grund entdeckte. Und sie dachte nur verzweifelt: Oh nein, nicht schon wieder!

3. Der unheimliche Hof

Marie fragte sich, wie viele verwahrloste Tiere sie heute noch ertragen musste, und sofort machten sich wieder Traurigkeit und Wut in ihrem Herzen breit. Ein einsames Pony stand mit hängendem Kopf im strömenden Regen. Sein schwarzes Fell war verklebt und dreckverkrustet, als hätte es seit Monaten keinen Striegel mehr gesehen. Mähne und Schweif waren verfilzt und seine Beinchen standen kniehoch im Matsch. Zumindest schien es gesund zu sein.

Die Mädchen sprangen von Hubers Rücken und näherten sich vorsichtig dem Gatter. Müde hob das Pony seinen Blick, trottete langsam heran und schnüffelte an Maries ausgestreckter Hand.

»Mein Gott, du armes Ding. Wer lässt dich hier bei dem Wetter allein im Regen stehen?« Maike zog eine Karotte aus der Manteltasche und hielt sie ihm

hin. Sie war eigentlich für Huberchen bestimmt gewesen, aber das dickliche Pony konnte eine Möhre weniger durchaus gut verkraften. Auch wenn Herr Huber jetzt so tat, als wäre er dem Hungertod erschreckend nahe. Verzweifelt versuchte er, Maike von ihrem Frevel, die Leckerei einem anderen anzubieten, abzubringen, und zupfte sie aufgebracht am Ärmel.

»Meinst du, das Pony wird gequält?«, fragte Maike.

Entschuldigend streichelte sie Huberchens weiße Blesse, der jetzt entsetzt das schwarze Pferdchen dabei beobachtete, wie es zufrieden SEINE Karotte verspeiste.

Marie schlüpfte unter der Umzäunung durch, streichelte das schwarze Pferd vorsichtig über die weichen Nüstern und war erstaunt, wie bereitwillig es sich untersuchen ließ. Sie befühlte sein Fell, hob seine Hufe an und kontrollierte den Strahl, schaute ihm ins Maul, betastete seine Fesseln.

»Hm, eigentlich nicht. Es ist eine Stute und sie

scheint gesund und gut genährt, hat keinerlei Verletzungen und keine Scheu vor Menschen. Irgendjemand muss sie versorgen. Aber ich frage mich, warum sie dann hier draußen im Regen steht und so ungepflegt ist.« Marie klopfte der kleinen Stute zärtlich den nassen Hals und als sie wieder durch die Umzäunung kletterte, wieherte die Stute leise, als wollte sie Marie überreden, doch noch ein wenig bei ihr zu bleiben.

Wohlig warm stahl es sich in Maries Bauch, dieses Gefühl, das man nicht zu rufen braucht, das sich einfach in einem breitmacht und das man auch nicht wieder abschütteln kann, auch wenn man es vielleicht gerne will. Es gab keine Zweifel. Sie hatte sich Hals über Kopf in die schwarze Stute verliebt.

»Oh, da haben sich zwei gefunden«, neckte sie Maike, der mal wieder keine von Maries Gefühlsregungen entging. »Komm, wir schauen, ob nicht doch jemand auf dem Hof ist, den wir fragen können, was es mit deiner neuen Liebe auf sich hat.« Energisch zog sie Marie am Jackenärmel mit sich.

»Ich weiß nicht, irgendwie ist es mir hier nicht geheuer«, wandte Marie ein. Aber sie wusste, dass sie das Pony auf keinen Fall seinem Schicksal überlassen konnte.

Maike band Herrn Hubers Zügel an der Stallwand fest, Marie rief Stracciatella zu sich, der mit allen vieren in einem Misthaufen scharrte. Dann gingen sie auf die Haustür zu und läuteten entschlossen. Die Klingel bekam einen schrillen Tobsuchtsanfall, sodass sie erschrocken zusammenzuckten, aber im Inneren blieb alles ruhig.

»Still!«, flüsterte Marie. »Ich glaube, ich habe etwas gehört.« Sie legte ihr Ohr an die Tür und hielt die Luft an.

»Ich höre nichts«, meinte Maike.

»Doch, ganz sicher, da war ein Geräusch, als ob jemand mit einem Stock mehrmals auf den Boden klopft«, erwiderte Marie.

Die Mädchen lauschten angespannt, Stracciatella spitzte die Ohren und winselte leise.

»Da ist niemand, komm wir schauen im Stall nach«, entschied Maike und tat betont selbstbewusst, so als würde sie das alles in keinster Weise beunruhigen.

Doch auch im Stall empfing sie nur Grabesstille und Finsternis. Das letzte Tageslicht scheiterte an den vor Dreck erblindeten Fenstern, Tauben erschraken über die ungewohnten Besucher und gurrten aufgebracht.

Marie suchte tastend nach einem Lichtschalter. Eine matte Glühbirne, der eine dicke Staubschicht die Strahlkraft genommen hatte, warf jetzt ihr fahles Licht notdürftig auf eine lange Stallgasse und gut ein Duzend geräumige Boxen. Eine Kardätsche, die sich in einen Striegel verbissen hatte, lag achtlos auf einem umgedrehten Eimer.

»Meine Güte, hier hat aber auch schon länger keiner mehr sauber gemacht«, stöhnte Marie und zeichnete mit ihrem Zeigefinger eine dünne dunkle Bahn auf eine Futterkiste, die den Staub wie dreckigen Schnee trug.

»Im Stall ist also auch keiner. Aber es gibt ausreichend Stroh und Heu. Los, lass uns eine Box herrichten, und dann stellen wir die Stute ins Trockene«, schlug Marie vor.

Die Mädchen öffneten Strohballen, verstreuten sie in einer Box, und Stracciatella jagte begeistert die auf den Boden rieselnden Halme.

Marie konnte es gar nicht schnell genug gehen. Nicht nur, weil sie wollte, dass das Pferdchen möglichst bald aus dem Regen kam. Diese unangenehme Ahnung, die sie befallen hatte, seit sie auf den Hof geritten waren, hielt sich hartnäckig. Und irgendwie wurde sie das unheimliche Gefühl nicht los, dass sie jemand beobachtete. Immer wieder schaute sie sich nach allen Seiten um. Aber da war keiner. Erneut meinte sie das Klopfen eines Stocks auf Stein zu vernehmen, doch diesmal sagte sie Maike nichts davon und arbeitete nur noch fieberhafter. Sie füllten die Raufe mit Heu, überprüften, ob die Tränke funktionierte, und reinigten sie.

»Fertig, lass uns die Kleine holen«, sagte Marie, lehnte die Mistgabel an eine der Boxen und klopfte sich Stroh und Heu von der Hose.

Als Stracciatella plötzlich ein warnendes Knurren hören ließ, hielt sie erschrocken inne. Er bleckte die Zähne, sträubte sein Nackenfell, rannte schnüffelnd an eines der Stallfenster und sprang aufgeregt bellend an ihm hoch.

»Stracciatella, was ist los? Was hast du?« Marie folgte ihm und als sie näher trat, stockte ihr das Blut in den Adern.

In die staubblinde Scheibe hatte jemand versucht, von außen ein Guckloch zu reiben. Die Stelle war noch gut zu erkennen, obwohl der Regen jetzt in breiten Bahnen an den Fenstern herunterlief.

»Maike, ich habe Angst. Lass uns die Stute schnell in die Box bringen und dann abhauen. Schau dir das an, irgendjemand hat uns beobachtet.«

Maike ging auf das Fenster zu und ihre Augen weiteten sich. Jetzt gelang es auch ihr nicht mehr, ihre Angst zu leugnen.

Die Freundinnen zogen Stracciatella in ihre Mitte, damit er sie im Ernstfall beschützen konnte, und eilten panisch zur Koppel. Aber wieder war weit und breit keine Menschenseele zu sehen. Der Hof lag friedlich da wie in einem schon lange währenden Dornröschenschlaf. Erst als die schwarze Stute Marie freudig entgegenlief und zur Begrüßung wieherte, vertrieb das aufflammende warme Bauchgefühl den kalten Schrecken ein wenig.

Vielleicht hatte sie sich alles doch nur eingebildet, dachte Marie, als die Mädchen das Pony in die Box führten und es dort gründlich mit Stroh trocken rieben. Dankbar drückte die Stute ihren schwarzen Kopf an Maries Schulter.

»Du Schöne, wir müssen jetzt leider gehen

und dich alleine zurücklassen, du fehlst mir schon jetzt ...«, flüsterte Marie.

»... aber wir kommen morgen wieder«, fiel Maike ihr ins Wort.

Marie sah sie alarmiert an, doch dann nahm sie all ihren Mut zusammen. Auch wenn sie sich vor dem unheimlichen Hof fürchtete, war es doch klar wie Kloßbrühe: Sie würden morgen wiederkommen, um herauszufinden, was es mit der Stute auf sich hatte.

Die Dämmerung hing bereits in den Bäumen, als sie aus dem Stall traten, und Herr Huber scharrte ungeduldig mit den Hufen. Er hatte wie immer Hunger und konnte es jetzt nicht mehr erwarten, nach Hause zu Hafer und Heu zu kommen.

»Morgen befreien wir das arme Geschöpf erst mal von seinem Dreck«, schlug Maike vor, als sie sich auf Huberchens Rücken schwang.

Marie warf einen Blick auf ihre Uhr und erschrak. »Mein Gott, wir müssen uns beeilen. Ich möchte mit Paps heute noch ins Tierheim fahren. Ich muss doch unbedingt wissen, wie es den Welpen geht.«

Als sie die Anhöhe erreichten, hatte es zumindest aufgehört zu regnen. Marie drehte sich noch einmal um und für einen Moment glaubte sie zwischen den Bäumen der Koppel, auf der die Stute gestanden hatte, eine dunkle Gestalt zu sehen. Aber noch ehe sie Maike davon berichten konnte, riss die sie aus ihren Gedanken.

»Marie, schau nur, wie schön, die Engelchen backen schon Plätzchen!«, rief sie und deutete auf den Himmel, der sich blutrot vor ihnen über dem Dorf ergoss.

Marie grinste. »Maike, wir haben noch nicht mal November, da denkst du schon an Weihnachten. Und wenn du auch mal auf deine Uhr schaust, wirst du merken, dass es viel zu spät ist. Das kann unmöglich noch die untergehende Sonne sein, die den Himmel rot färbt.«

Aber was war es dann? Als Huberchen den Dorfrand erreicht hatte, überlegte Marie immer noch, woher das merkwürdige Kaminrot kam, das über dem Tierheim das Schwarz des Abendhimmels verschluckte. Eine dunkle Ahnung wuchs in Marie und spreizte ihre kohlrabenschwarzen Flügel.

»Oh mein Gott, Maike! Das ist Feuer! Das Tierheim brennt!«

4. Das Tierheim brennt

Noch nie in ihrem Leben hatte sich Marie so fieberhaft gewünscht sich zu irren. Bis zum letzten Moment hegte sie die Hoffnung, es könnte vielleicht doch noch eine harmlose Erklärung für das Schwarz verzehrende Rot geben, das unaufhaltsam Löcher in den finsteren Mantel der Nacht fraß. Aber als Maike Herrn Huber auf den Schotterweg lenkte, der zum Tierheim führte, stieg ihnen bereits der unheilvolle Geruch von Rauch in die Nasen.

»Oh, wie schrecklich«, flüsterte Maike. »Du hattest recht. Die armen Tiere! Wir müssen uns beeilen und ihnen helfen! Hoffentlich ist ihnen nichts passiert.«

Sie trieb Herrn Huber an, schneller zu galoppieren, aber der scheute plötzlich und tänzelte nervös auf der Stelle. Beißend kroch ihm der Rauch in seine bebenden Nüstern, seine dunklen Augen weiteten sich vor Angst und er weigerte sich, auch nur noch einen einzigen Schritt auf das fürchterliche blutrote Ungeheuer zuzugehen, das sich immer bedrohlicher vor ihnen aufbaute.

»Er spürt die Gefahr. Es hat keinen Sinn, wir müssen ihn hier zurücklassen und das letzte Stück rennen!«, rief Marie und sprang von seinem Rücken.

Sie banden die Zügel an einen Laternenpfahl, um dessen gelbliches Licht unbeeindruckt Motten ihren nächtlichen Reigen tanzten. Dann rannten sie los. Maries Füße fanden kaum Halt auf dem losen Schotter, ihre Lunge schmerzte, bis endlich die Bäume zurückwichen und den Blick auf das Tierheim freigaben.

Die Mädchen hielten inne und sahen sich einen Moment lang wie versteinert an. Es war schlimmer, als sie befürchtet hatten: Der Hundetrakt des Tierheims brannte lichterloh! Und die Flammen drohten bereits auf den Flügel, in dem die Katzen untergebracht waren, und auf den Stall überzugreifen.

Der Feuerschein zeichnete zitternde Schatten an die kahlen Bäume und die Stallwände. Gierig leckte das Feuer an den Mauern, verzehrte mit großem Appetit die verwaisten Schwalbennester unter dem

Dach. Überall hinterließen seine klebrigen Rußfinger hässliche glutrote und schwarze Spuren der Zerstörung. Mit unstillbarem Hunger ernährte es sich von Balken und Türen – mit jedem Bissen wuchs es in Höhe und Breite, blähte es sich mehr auf, wurde es noch bedrohlicher! Ein unersättliches Tier, so groß und mächtig, dass es Marie unmöglich schien, es zu zähmen. Nur der unverfrorene Nachtwind wagte mit Feuer und Glut zu spielen und lenkte das alles vertilgende Untier in immer neue Bahnen.

Die Vorstellung, dass hilflose Hunde und Katzen gerade in den Flammen um ihr Leben kämpften, war Marie unerträglich. Sie konnte kaum atmen. Eine allzu bekannte Stimme riss sie aus ihrer Versteinerung.

»Marie, Maike, Gott sei Dank seid ihr da! Kommt hier rüber, ihr müsst mir helfen, die Brandwunden der Hunde zu versorgen.« Dr. Werber kniete auf dem feuchten Rasen in sicherer Entfernung zu dem brennenden Gebäude und beugte sich über den zitternden Körper eines verängstigten Cockerspaniels.

Erst jetzt nahm Marie den Tumult wahr, der vor dem Tierheim herrschte. Überall kauerten in Transportboxen oder angeleint an Bäumen Hunde und Katzen oder sie rannten kopflos über das Gelände. Inken Pallas und einige ihrer Helfer eilten panisch zwischen Katzentrakt und Wiese hin und her, jeder ein verstörtes Tier in den Armen. Eines nach dem anderen trugen sie ins Freie, während die Flammen immer näher kamen.

»Inken hat alle Käfige geöffnet, nachdem sie den Rauch bemerkt hatte!«, rief der Tierarzt Marie zu. »Die Hunde sind auch sofort in die Nacht gelaufen. Aber von den Katzen sind einig vor Schreck wie gelähmt. Sie kauern in ihren Käfigen und trauen sich nicht raus.«

»Oh nein, ich muss Inken sofort helfen, sie aus ihren Käfigen zu befreien, bevor das Feuer übergreift!«, schrie Marie und wollte Richtung Katzenflügel laufen.

Aber ihr Vater hielt sie energisch am Arm fest. »Marie, mach jetzt keine unüberlegten Sachen. Inken und ihre Helfer haben die Situation im Griff.

Für dich ist das viel zu gefährlich. Du bleibst hier und versorgst die Brandwunden der Tiere mit Salbe.«

Marie wollte sich losreißen, aber ein Blick in die mahnenden Augen ihres Vaters und sein fester Griff sagten ihr, dass das keine gute Idee war.

»Die Feuerwehr muss jeden Augenblick hier sein, also beruhigt euch bitte und helft mir mit den Tieren«, schärfte er den Mädchen ein und machte sich wieder an die Arbeit.

Das alte Gebäude brannte wie Zunder und das Feuer griff immer weiter um sich. Es war nur eine Frage der Zeit, bis es auch den Katzenflügel erreicht haben würde. Das unheimliche Knistern der Flammen, das merkwürdige Weinen der sterbenden Balken und das Jaulen und Winseln der Hunde und Katzen nisteten sich in Maries Seele. Sie hätte sich am liebsten die Hände auf die Ohren gepresst, um es nicht mehr zu hören. Aber sie brauchte ihre Hände. Um zu helfen.

»Hoffentlich haben alle Tier das Feuer überlebt«, sagte sie mit zitternder Stimme, als ihr Vater ihr Tuben mit Brandsalbe und Verbandsmull reichte.

»Ich habe noch keinen Überblick, Marie, aber ich glaube, Inken hat den Rauch rechtzeitig bemerkt.

Noch musste ich bei keinem Tier den Tod feststellen. Aber viele sind verletzt. Diesen Mischling hier hat ein Balken erwischt, als er aus der brennenden Hölle geflohen ist. Er hat sich das Bein gebrochen. Markus hilft mir, ihn in meinen Wagen zu tragen. So eine Verletzung kann ich nur in der Tierklinik behandeln.«

Marie fuhr herum und erst jetzt bemerkte sie, dass ihr bester Freund Markus Roth auch unter den Helfern war. Klar, sein Vater wurde als Dorfpolizist natürlich als einer der Ersten über so ein Unglück informiert.

Markus nickte ihr kurz zu und half Dr. Werber, den braun-weiß gestromten Mischling im Auto unterzubringen. Markus' Gesicht war rußschwarz, seine Jacke starrte vor Dreck. Er musste zeitig am Unglücksort gewesen sein und schon ziemlich lange helfen, denn er sah erschöpft aus.

Als Marie sich über einen kälbergroßen Hund beugte, der unter einer alten Eiche angebunden war, rannte Markus plötzlich wild gestikulierend zu ihr zurück. Er ließ den Hund dabei nicht aus den Augen wie ein Vögelchen, das sich einer hungrigen Katze nähern muss.

»Marie, wenn ich du wäre, würde ich die Finger

von ihm lassen. Er ist so verunsichert, dass er nach jedem schnappt, der sich ihm nähert. Als ich ihn behandeln wollte, hat er fürchterlich geknurrt und wollte mir in die Hand beißen. Lass das lieber deinen Vater machen und hilf mir bei den anderen Hunden.«

Aber Marie konnte von keinem Tier die Finger lassen. Auch wenn es noch so bedrohliche Zähne oder Krallen hatte. Und erst recht nicht, wenn es wie dieser Irische Wolfshund Hilfe brauchte.

»Lass mich nur, ich habe keine Angst vor ihm«, erwiderte Marie.

Markus schenkte ihr ein kleines Lächeln. »Das hätte ich mir ja denken können. Du wirst schon wissen, was du tust, aber sag später nicht, ich hätte dich nicht gewarnt.« Er zuckte mit den Schultern und bat Maike, mit ihm die anderen Hunde, die überall unter den Bäumen warteten, zu verarzten.

Stracciatella hatte sich ängstlich neben Marie gekauert und musterte den großen Hund misstrauisch.

Ganz vorsichtig näherte sich Marie dem riesigen Hundeschädel und das »Kalb« begann sofort wie angekündigt zu knurren und seine Furcht einflößenden Zähne zu fletschen. Aber Marie wich nicht zurück. Sie dachte daran, was Steffen in dieser Situation wohl gemacht hätte, und fing an, sanft mit dem verängstigten Riesen zu reden.

»Ist gut, du musst keine Angst mehr haben! Du hast das Schlimmste überstanden und jetzt helfen wir dir. Es wird alles gut.«

Marie merkte zu ihrer Verwunderung, dass ihre eigenen Worte nicht nur den Hund, sondern auch sie beruhigten.

»Das Kalb« hörte auf zu knurren und sah sie jetzt fragend aus seinen traurigen Augen an.

»Ich tu dir nichts«, flüsterte sie und begann, ihn vorsichtig am Kopf zu kraulen. Doch gleich zog sie erschrocken die Hand wieder zurück. Sie hatte eine große Brandwunde ertastet, die stark nässte und dem Irischen Wolfshund wohl sehr wehtat, denn er winselte jetzt kläglich.

Als sie diese vorsichtig mit Salbe behandeln wollte, zuckte er vor Schmerz immer wieder zurück. Es hatte keinen Sinn, sie konnte ihn so unmöglich verarzten, der Hund brauchte eine schmerzstillende Spritze.

Hastig sah sie sich nach ihrem Vater um. Das Feuer leckte weiter gierig aus dem Hundetrakt und war inzwischen nur noch ein paar Meter vom Katzenflügel entfernt. Wann kam endlich die Feuerwehr?! Und wo war ihr Vater? Inken Pallas und ihre Helfer brachten gerade die letzten Katzen auf die Wiese.

»Alle Tiere sind draußen!«, rief die Tierheimleiterin. »Keiner nähert sich jetzt noch dem Gebäude, der Hundetrakt kann jeden Moment einstürzen!«

Gott sei Dank, sind alle Tiere in Sicherheit, dachte Marie. Und die Verletzten würden sie heilen. Alles würde wieder gut werden.

Ihre Zuversicht verstärkte sich sogar noch, als sie plötzlich ein dumpfes Geräusch vernahm. Irgendwo hinter dem Wald grollte der Donner. Weit weg noch, ein dumpfes Gemurmel nur, das von dem lauten Knistern und Knacken des Brandes fast verschluckt wurde. Aber das Gewitter kam rasch näher. Und schon kurz darauf küsste ein erster Regentropfen schüchtern Maries Wange. Dann zaghaft ein zweiter, ein dritter. Die Küsse wurden mehr und fordernder, bis die schwarze Wolke über ihnen ihren dicken schweren Bauch öffnete und den Inhalt auf das Tierheim ergoss. Es regnete!

Marie hätte schreien können vor Erleichterung. Gehört hätte man sie allerdings nicht. Denn endlich zerschnitt die Sirene der Feuerwehr die Nacht. Der Regen und das Löschwasser der Feuerwehr würden das Feuer ersticken, bevor es sich weiter durch das Tierheim fraß. Der Katzentrakt und die Ställe waren gerettet!

Marie wusste später nicht zu sagen, was ihren Blick weggelockt hatte von dem Feuerwehrauto hin zum Ende des Hundetrakts, in dem die Quarantäne untergebracht war. Ihre gerade gewonnene Erleichterung löste sich auf und die Angst schlug ihr wieder die scharfen Krallen ins Herz. Die Quarantäne! Keiner hatte in der Aufregung an die Quarantäne gedacht!

»Die Welpen!«, schrie Marie. »Die Welpen!«

Aber das schrille Gejaule der herannahenden Sirenen übertönte alles.

5. Wer rettet die Hundebabys?

Uniformierte Arme entrollten Schläuche, Sicherheitsschuhe kämpften sich durch Schotter und Matsch, Kommandos peitschten gegen das Geprassel des Feuers an und erstickten Maries Rufe.

»Die Hundebabys! Hallo, hören Sie mich?! In der Quarantänestation befinden sich noch drei Welpen! Sie müssen dort sofort rein und sie retten!« Marie schrie sich die Lunge aus dem Hals.

Aber die Feuerwehrmänner arbeiteten so fieberhaft und hochkonzentriert, dass keiner Notiz von ihr nahm.

Ein pausbackiger Mann stolperte fast über sie, stieß sie unwirsch zur Seite und fuhr sie grob an: »Mach Platz, du behinderst unsere Arbeit! Das hier ist doch kein Kinderspielplatz. Schau lieber, dass du nach Hause kommst!«

Schon war sein angespanntes Gesicht wieder

dem prall gefüllten Schlauch zugewandt, der schwer in seinen Händen lag.

»Die Hundebabys!! Im Gebäude sind doch noch Dackelbabys!« Marie ließ sich nicht einschüchtern. Sie folgte dem Feuerwehrmann, zog ihn energisch am Ärmel, tobte und schrie, aber er reagierte nicht. Marie fühlte sich wie aus Glas. Die Feuerwehrleute sahen einfach durch sie hindurch.

Inken oder Paps!, schoss es Marie durch den Kopf. Ich muss sie finden, ihnen werden die Feuerwehrleute zuhören.

Marie rempelte sich durch die hektisch arbeitenden Feuerwehrmänner, vorbei an Löschfahrzeugen und Krankenwagen. In der Dunkelheit übersah sie einen Schlauch, fiel auf die Knie, rappelte sich jedoch sofort wieder auf. Das Blut lief ihr warm das Schienbein hinunter. Aber sie spürte keinen Schmerz. Sie rannte um das Leben der Dackelwelpen, gegen die Zeit, gegen das Feuer, nichts anderes zählte.

Mit einem ächzenden Geräusch, das Marie durch Mark und Bein ging, gab sich gerade die Westwand des Hundetrakts der roten Bestie geschlagen und stürzte krachend zu Boden. Die umherfliegende Asche brannte Marie in den Augen und trübte ihre Sicht. Marie fuhr sich mit ihrem nassen Jackenärmel über das erhitzte Gesicht. Mein Gott! Wo war Inken?? Wo war ihr Vater?

Unter dem Schutz einer eilig aufgespannten Plane, zwischen all den Helfern, Hunden und Katzen entdeckte sie endlich die Tierheimleiterin. Kniend beugte sie sich über einen verletzten Beagle, ihre blonden Haare fielen ihr über das Gesicht. Aber als Marie sie an der Schulter berührte und sich die Frau umdrehte, sah Marie in das fragende Gesicht einer Fremden. Marie war zum Heulen zumute. Sie hatte sich geirrt.

»Inken?!«, schrie sie. »Wo ist Inken Pallas?«

Die blonde Frau zuckte mit den Schultern und kümmerte sich weiter um den Beagle. »Keine Ahnung, eben war sie noch hier.«

Marie blickte sich panisch um. »Paps!?! Paaaaaps?!!! Iiiinken!«, rief sie in das Stimmengewirr, das Bellen, Miauen und das unheimliche Dröhnen des Feuers.

Doch keiner antwortete ihr, der Tierarzt und die Tierheimleiterin blieben wie vom Erdboden verschluckt.

Natürlich war es falsch und sie würde mit ihrem Vater den fürchterlichsten Ärger bekommen, darüber war sich Marie im Klaren. Aber es blieb ihr nichts anderes übrig. In Sekundenschnelle fasste sie einen folgenschweren Entschluss. *Ich muss selbst in die Quarantäne und die Welpen befreien, bevor es zu spät ist,* dachte sie und rannte in Richtung des brennenden Gebäudes.

Stracciatella lief ihr vor die Füße und fast wäre sie noch mal gestürzt. Marie beschlich das Gefühl, dass er das mit Absicht getan hatte, um sie von ihrem aberwitzigen Vorhaben abzubringen. Doch ihr Entschluss stand felsenfest. Sie würde nicht tatenlos zusehen, wie die Welpen verbrannten.

»Warte hier auf mich, Stracciatella!«, befahl sie ihm.

Unwillig setzte er sich ins nasse Gras und sah ihr winselnd nach. Sobald sie sich jedoch nicht mehr nach ihm umblickte, stand er wieder auf, um ihr heimlich zu folgen.

Zum Greifen nah war jetzt der Bau - oder das, was noch von ihm übrig war. Die Hitze schlug Marie unerbittlich ins Gesicht, kroch ihr unter die Haut. Sie kletterte über heruntergefallene Steine, bahnte sich durch Schutt und rußverkohlte Balken einen Weg ins Innere. Sie rannte an leeren Käfigen entlang. Noch hatte das Feuer nicht auf die Quarantäne übergegriffen, so viel konnte sie aus der Entfernung erkennen.

Nur wenige Meter weiter nahm ihr jedoch eine undurchdringliche Wand aus zähem Rauch die Sicht und die Luft. Marie kratzte es im Hals, als hätte sie Tannennadeln verschluckt. Sie musste husten, spürte, wie ihr vor Anstrengung und Angst schwindelig wurde, und für einen kurzen Moment fürchtete sie, ohnmächtig zu werden. Wie eine eiserne Ritterfaust legte sich von hinten plötzlich eine schwere silberne Hand auf ihre Schulter, eine zweite packte sie so hart am Arm, dass er schmerzte. Entsetzt blickte sie sich um. Ihre Rettungsaktion war zu Ende, bevor sie richtig begonnen hatte. Sie war die Gefangene eines unheimlichen Wesens in einem silbernen Mondanzug.

Mit flehender Miene versuchte sie sich zu befreien. »Die Welpen! Da drinnen sind doch noch Welpen!«, schrie sie, aber der Feuerwehrmann in Schutzanzug ließ sie nicht los.

Seine Stimme erreichte sie kaum, der gedämmte Anzug verschluckte sie fast, als er Marie fassungslos anschrie: »Bist du wahnsinnig?! Wegen ein paar Welpen dein Leben zu riskieren! Sofort raus hier!«

Als sich dann neben einem scheinbar lebensmüden Mädchen auch noch ein struppiger Hund ins Spiel brachte, schien er endgültig die Nerven zu verlieren.

»Stracciatella!«, rief Marie. »Ich habe dir doch gesagt, dass du auf mich warten sollst.«

Aber ihr Hund schien genauso starrsinnig zu sein wie sie. Er lief bellend ein paar Meter auf die Rauchwand zu, kam zurück, lief weg, kam zurück, bellte und ließ sich weder von Marie noch von dem Mondanzugmann einfangen. Der begann Marie nun energisch zum Ausgang zu ziehen.

»Nein! Wir können noch nicht zurück ins Freie, wir müssen erst die Dackelbabys holen!«, schrie Marie den Mondmann an.

Der versuchte mit aller Kraft, das strampelnde Mädchen zu bändigen, doch sie rutschte ihm für einen Augenblick aus den glatten Handschuhen.

»Wir werden alle sterben, du, ich und dein Hund, wenn wir nicht sofort umkehren!«, brüllte er verzweifelt. »Der Trakt hier kann jeden Moment in sich zusammenfallen. Los jetzt, raus hier!«

Aber Marie kannte ihren kleinen Freund Stracciatella mittlerweile gut genug, um zu wissen, dass er ihr mit seinem Verhalten etwas sehr Wichtiges zeigen wollte. Und als Marie sich gegen den Widerstand des Mannes zu der Stelle kämpfte, die ihr Stracciatella anzeigte, wusste sie mit schrecklicher Gewissheit auch, was. Auf dem rußverschmierten Boden lag eine Tube Brandsalbe!!

Trotz der alles verschlingenden Hitze umklammerte nun eine eiskalte Faust ihr Herz. Deswegen hatte sie ihren Vater draußen nicht finden können. Er hatte den gleichen Gedanken wie sie gehabt!

Verzweifelt versuchte sie sich aus den Armen des Feuerwehrmanns zu winden, aber der hielt sie jetzt wieder fest wie in einem Schraubstock.

»Mädchen, wir können die Welpen nicht retten. Durch diese Rauchwand zu gehen, wäre der Wahnsinn. Niemand kann sagen, wie es dahinter mittlerweile aussieht.«

Marie bekam einen Hustenanfall, ihre Stimme lief Gefahr zu versagen.

»Sie müssen da rein ...«, krächzte sie. »Hinter der Rauchwand ist auch ein Mensch eingeschlossen!«

Durch das verspiegelte Visier konnte sie kaum das Gesicht des Feuerwehrmanns erkennen, aber sie wusste auch so, dass er den Ernst der Lage begriff.

»Bist du dir ganz sicher?«, fragte der Mondmann.

Stracciatella kratzte mit einer Pfote bestätigend an dessen Hosenbein.

Die schreckliche Gewissheit, der Rauch und die Hitze raubten Marie die Sinne. Stracciatella verschwamm vor ihren Augen und für einen Augenblick meinte sie, dass er wie sie mit dem Kopf nickte. »Es ist mein Vater!«, rief sie mit ersterbender Stimme. Dann wurde ihr schwarz vor Augen.

6. Nach dem Feuer

Eine letzte Fontäne Löschschaum mischte sich mit dem unermüdlichen Regen und legte sich auf das Tierheim. Die Nacht hatte ihr gewohntes Gewand wieder angelegt und war schwarz wie die Asche, die das Feuer aus allem gemacht hatte, was es gefressen hatte. Feuerwehrautos und Krankenwagen sammelten sich vor dem Tierheim und bohrten ihre gelben Lichtkegel in die Finsternis. Leitern wurden eingefahren, Schläuche zusammengerollt, Helme abgelegt, so manche verschwitzte Stirn mit dem Handrücken trocken gewischt.

Inken Pallas und ihre erschöpften Helfer knieten fassungslos zwischen ihren geretteten Schützlingen und starrten auf die Reste des Tierheims. Erst jetzt, nach langem Kampf, nachdem die rote Bestie endlich besiegt war, schienen sie zu begreifen, was in dieser Nacht geschehen war.

Inkens Lippen waren vor Schock weiß und schmal wie zwei Kreidestriche, unendlich traurig sah sie aus und ein bisschen verloren. Bis zur letzten Minute hatte sie dem Feuer tapfer die Stirn geboten, Hitze und Angst getrotzt. Sie hatte Katzen befreit, Pferde und Esel aus dem Stall geholt, einen Schwan und ein Hängebauchschwein gerettet - die sich überschlagenden Ereignisse hatten ihr keine Zeit gelassen nachzudenken. Umso unerbittlicher nahmen die dunklen Gedanken jetzt Besitz von ihr. Mit der einkehrenden Ruhe kamen die Sorgen.

Stall, Außengehege und der Katzenflügel waren teilweise rußschwarz, aber ansonsten unversehrt. Nach einer gründlichen Reinigung würden die Bewohner zumindest hier wieder einziehen können.

Ganz anders der Hundetrakt: Bis auf die Grundmauern war er niedergebrannt! Verschluckt von den Flammen, als hätte es ihn nie gegeben. Was würde mit den vielen Hunden geschehen? Einige von ihnen waren verletzt und brauchten ärztliche Betreuung. Wie sollte es weitergehen? Vor allem diese Frage traute sich niemand zu stellen. Wo sollten sie das Geld hernehmen, um die Hundestation wiederaufzubauen? Wo sie doch pleite waren und das Tierheim eigentlich dringend ausgebaut werden müsste! Ganz tief vergrub Inken Pallas ihr Gesicht in das dichte, lockige Fell eines geretteten Pudelmischlings, der immer noch vor Angst zitternd auf ihrem Schoss saß. So tief, dass niemand sehen konnte, dass sie weinte.

Marie bekam von alledem nichts mit. In eine dicke Wolldecke gehüllt wurde sie von zwei Rettungssanitätern in einem der Krankenwagen behandelt. Eine Sauerstoffmaske umschloss Nase und Mund, ein Tropf spendete Flüssigkeit.

Ganz allmählich, wie aus einem dichten, alle Sinne verschleiernden Nebel, kehrte sie aus dem Reich der Ohnmacht zurück in diese Welt.

Schwer und seltsam zischend vernahm sie ihren Atem. Irgendetwas drückte auf ihre Nase. Eine Taucherbrille? War sie unter Wasser? Bilder aus ihrem Ägyptenurlaub erschienen vor ihrem inneren Auge: Sie und Paps schnorchelnd im Meer, um sie herum Fische in den schillerndsten Farben. Nein, sie konnte sich unmöglich unter Wasser befinden, denn jetzt vernahm sie eine tiefe männliche Stimme. Noch fern und undeutlich, aber sie konnte hören, was sie sagte.

»Verdammtes Glück hat die Kleine gehabt! Keine Ahnung, wie viele Schutzengel hier heute Nacht rumgeflattert sind, aber es muss eine ganze Armee gewesen sein. Sie hat nur eine leichte Rauchvergiftung und wird jeden Moment wieder zu sich kommen. Die Kollegen von der Feuerwehr haben ganze Arbeit geleistet! Es war keine Sekunde zu früh, dass sie sie aus dem Tierheim geholt haben.«

Schutzengel? Feuerwehr? In dieser Nacht?

Marie kannte weder die Stimme noch verstand sie, wovon gesprochen wurde. Wo war sie? Was war geschehen?

In ihrem Kopf herrschte Gestöber wie in der Schneekugel, die Mama ihr letztes Jahr zu Weihnachten geschenkt hatte. Ihre Lider drückten bleischwer auf die Augen und hinderten Marie daran, sie zu öffnen. Müde und hilflos lag sie auf der Liege.

Ein zweiter unbekannter Mann mischte sich ein und seine Worte vernahm sie jetzt schon deutlicher.

»Da rennt sie wegen drei Welpen in das brennende Gebäude, das muss man sich mal vorstellen! Sie hat ihr Leben riskiert für ein paar Hunde! Ich weiß auch nicht, ob ich ihren Mut bewundern oder ihren Wahnsinn beklagen soll.«

Schritte näherten sich über einen Metallboden. Der erste Mann blieb am Kopfende ihrer Liege stehen und antwortete verächtlich.

»Wenn du mich fragst, den Hintern sollte man dem Gör versohlen! So ein Leichtsinn. Wegen ein paar blöder Viecher so einen Aufstand zu machen. Also, wenn das meine Tochter wäre ...«

Das Feuer! Ihr Vater! Die Welpen! Marie erinnerte sich!

Die Wirklichkeit hatte sie wieder. Wie spitze Nadeln bohrten sich die Bilder der Brandnacht schmerzhaft in ihr Herz.

Was war mit Paps und den Welpen geschehen? Wenn die Hilfe zu spät gekommen war ... Sie dachte den Satz lieber nicht zu Ende. Die Tränen schossen ihr heiß in die Augen und quollen unter den geschlossenen Lidern hervor. Am besten, sie schlug die Augen nie wieder auf.

»Gör?! Den Hintern versohlen?! Wie reden Sie über meine Freundin?!«, schnaubte wütend eine Mädchenstimme und Marie wusste diesmal sofort, wem sie gehörte. »Eine Tapferkeitsmedaille sollte man ihr verleihen! Von wegen blöde Viecher! Ihr war es nicht gleichgültig, was mit den Welpen passierte, und sie hatte mehr Mut, als Sie beide zusammen je haben werden. Merken Sie sich das!«

Auch wenn Marie ihre Freundin nicht sah, konnte sie sich ausmalen, wie Maike die Männer mit vor Wut blitzenden Augen anfunkelte. Erst jetzt spürte sie, dass Maike ihre Hand fest umklammerte. So fest, dass sie fast ein wenig schmerzte. Aber es fühlte sich trotzdem unendlich gut an.

Wenn Maike sich in Rage geredet hatte, war sie nur schwer zu bremsen. Erst recht, wenn es darum ging, ihre allerbeste Freundin zu verteidigen. Dann erinnerte sie Marie an eine rasende Löwin, die mit all ihrer Kraft ihr Junges beschützt.

»Sie sollten meiner Freundin zu ihrer Heldentat gratulieren, statt sie zu verhöhnen! Nur ihrem Einsatz und Mut ist es zu verdanken, dass ihr Vater und die Welpen noch am Leben sind!«

Schlagartig war Marie hellwach. Am Leben! Danke, lieber Gott! Danke, danke, danke! Paps und die Welpen waren gerettet!

Marie schaffte es, ihre schweren Lider zu bezwingen, und blickte in Maikes zornige Augen, die sofort einen sanften, besorgten Ausdruck annahmen.

»Marie, dem Himmel sei Dank! Du bist wach! Jetzt wird alles wieder gut. Ich hatte so furchtbare Angst um dich!« Maike hörte augenblicklich auf, den sichtlich verdatterten Medizinern die Meinung zu sagen, und beugte sich zu Marie herunter, um sie fest an sich zu drücken.

»Mensch, du hast uns einen ganz schönen Schrecken eingejagt, als sie dich leblos aus dem Tierheim getragen haben! Maike ist durchgedreht«, mischte sich erleichtert Markus ein, der am linken Kopfende der Liege stand und Marie jetzt fast erdrückte. Erst als er Maikes veränderten Gesichtsausdruck bemerkte, beendete er die unbeholfene Umarmung. Sosehr die beiden sich auch mochten, an Maikes Eifersucht auf Markus würde sich wohl nie etwas ändern.

»Junge Dame, wenn sie vielleicht die Güte hätten, mich noch mal kurz zu ihrer Heldin zu lassen«, meinte jetzt einer der Sanitäter spitz und schob Maike unsanft zur Seite, um Marie von ihrer Sauerstoffmaske zu befreien.

Maikes bösen Blick ignorierend forderte er Marie auf, sich vorsichtig aufzusetzen.

»Wie fühlst du dich?«, fragte er und leuchtete ihr mit einer kleinen Lampe in die Augen.

»Ein bisschen benommen, aber sonst okay«, antwortete Marie leise, auch wenn ihr noch schwindlig war.

Bevor er ihr ein Fieberthermometer in den Mund schieben konnte, fragte sie Maike schnell nach ihrem Vater. »Wie geht es ihm?« Ihre heisere Stimme zitterte.

»Es geht ihm so weit gut. Er hat wie du eine Rauchvergiftung und wird im anderen Krankenwagen behandelt«, antwortete Maike. Sie musterte den Sanitäter mit einem misstrauischen Blick, als müsste sie höchstpersönlich dafür sorgen, dass er auch ja alles richtig machte und ihrer besten Freundin kein Haar krümmte.

Der aber tat weiter so, als würde er sie gar nicht bemerken.

»Dein Vater hatte sich und die Welpen in nasse Tücher gewickelt und so vor der Hitze geschützt. Als er aus der Quarantäne fliehen wollte, ist er jedoch trotzdem ohnmächtig geworden. Der Rauch war einfach zu heftig. Zwei Feuerwehrleute in Schutzanzügen haben sich zu ihm vorgekämpft und ihn und die Hunde noch rechtzeitig gerettet. Dein Vater ist also genauso ein hohes Risiko eingegangen wie seine heldenhafte Tochter«, berichtete Maike und grinste. »Er kann dir jetzt wohl kaum eine Standpauke halten. Immerhin hat er dir sein Leben zu verdanken.«

»Nicht mir«, entgegnete Marie. »Stracciatella hat er sein Leben zu verdanken! Oh, mein Gott - wo ist er eigentlich?« Marie schaute sich suchend um.

»Er durfte nicht mit in den Krankenwagen, du weißt schon, wegen der Hygiene und so. Er wartet gleich hier draußen auf dich«, erklärte ihr Markus und zeigte aus den geöffneten Türen in die noch immer regnerische Nacht. »Mach dir keine Sorgen, es geht ihm gut. Ein ganz schön zähes Kerlchen ist er. Kam einfach mit dem Feuerwehrmann, der dich gerettet hat, aus dem Gebäude marschiert, als sei nichts gewesen. Du kannst stolz auf ihn sein«, bekräftigte Markus und hielt ein wenig verlegen Maries andere Hand.

Der Arzt, der ihr eben noch am liebsten den Po versohlt hätte, prüfte ihre Temperatur auf dem Thermometer, nickte zufrieden und tauschte mit seinem Kollegen einen vielsagenden Blick.

»Alles in Ordnung, Marie, du kannst gehen. Schone dich und achte darauf, dass du genügend trinkst, dann solltest du morgen wieder fit sein.

Sobald du dich wieder unwohl fühlst oder Schmerzen hast, solltest du sofort zu deinem Hausarzt gehen. Und lass dich auf jeden Fall Ende der Woche nochmals von ihm checken. Wir wollen kein Risiko eingehen.«

Marie war erleichtert, dass ihr nichts Schlimmes zugestoßen war. Aber es kam ihr seltsam vor, dass sie so schnell wieder entlassen wurde. Irgendwie wurde sie das Gefühl nicht los, dass das mit Maikes Verhalten zu tun haben könnte. Und sie musste lächeln.

7. Stracciatellas großer Tag

»Den Herren Medizinern hast du aber ordentlich die Meinung gesagt. Die werden sich das nächste Mal genau überlegen, ob sie über ihre Patienten herziehen!« Markus grinste Maike an, als sie zurück in die regnerische Nacht traten.

Maries Beine gaben bei jedem Schritt noch nach wie Wackelpudding, ihr Hals kratzte fürchterlich und ihre Worte klangen, als hätte sie jemand in staubtrockenem Paniermehl gewälzt.

»Stracciatella, da bist du ja!«, krächzte sie glücklich.

Sie löste sich aus den stützenden Armen ihrer Freunde und ging in die Hocke, um sich von Stracciatellas überbordender Wiedersehensfreude ins nasse Gras werfen zu lassen.

»Nicht so stürmisch, mein Schatz«, sagte sie

lachend, aber Stracciatella ließ sich nicht zurückhalten. Überglücklich schleckte er ihr mit seiner feuchten Zunge über das Gesicht und Marie drückte ihn selig an sich.

Er trug noch den Brandgeruch im Fell und schien mehr schwarze Flecken als sonst zu haben, ein paar Bart- und Fellhaare hatte er sich sogar versengt, aber Hauptsache, es ging ihm gut! Stracciatella begann zu strampeln, befreite sich bellend aus Maries Umarmung und rannte den dreien voraus in Richtung des zweiten Krankenwagens. Dort stieg Dr. Werber gerade aus dem Auto und Marie fiel ihm erleichtert in die Arme.

»Große, geht es dir gut?«, fragte ihr Vater heiser und schob sie ein Stück von sich, um sie besorgt zu mustern.

Marie musste über ihre beiden vom Rauch angeschlagenen Stimmen grinsen. »Alles gut!«, krächzte sie zurück.

Und ihr Vater zog sie dankbar wieder an sich. »Man hat mir schon berichtet, was passiert ist und dass du mir das Leben gerettet hast. Einen Vorwurf kann ich dir jetzt kaum machen, da ich heute als Vorbild definitiv durchgefallen bin. Es tut mir so leid, aber ich habe die Gefahr falsch eingeschätzt.

Auch ich mache wie jeder andere Mensch Fehler. Es muss schrecklich für dich gewesen sein, mich hinter der Rauchwand zu wissen! Es tut mir so leid, mein Liebling.«

Noch nie hatte Marie ihren Vater so zerknirscht erlebt. Sie wollte etwas Aufmunterndes sagen, doch der Regen, der jetzt zu einem kräftigen Prasseln ansetzte, unterbrach sie.

Marie wunderte sich, dass sie kaum nass wurde, hob den Kopf und sah, was das Prasseln verursachte: Inken, Maike, Markus und alle Helfer des Tierheims hatten sich um sie beide versammelt und applaudierten. Ihnen und den Feuerwehrmännern. Für ihren Einsatz und ihren Mut. Marie spürte, wie ihr das Blut scharlachrot in die Wangen schoss. Die Situation war ihr peinlich.

»Aber er ist doch der Held«, protestierte sie und hob Stracciatella hoch.

Der schaute verdutzt in die Runde und fragte sich wahrscheinlich, warum alle ihre Hände wie wild aneinanderschlugen.

»Ohne Stracciatella hätte keiner bemerkt, dass sich Paps noch in der Quarantäne befand!«, rief Marie. Bei dem Gedanken, was ohne ihren Hund passiert wäre, wurde ihr ganz schlecht.

»Genug!«, wehrte Dr. Werber den Dank ab. »Das habe ich nun wirklich nicht verdient. Sich und dadurch andere in Gefahr zu bringen, war alles andere als eine Heldentat. Es tut mir leid und ich möchte mich hier in aller Form bei den Feuerwehrleuten entschuldigen und bedanken. Aber, Stracciatella, das verspreche ich, bekommt heute eine schöne, dicke Extrawurst.«

Dankbar streichelte er Marie und ihrem Hund über die rußverdreckten Köpfe.

Der Applaus verebbte, Marie trat immer noch verlegen von einem wackeligen Bein auf das andere, während Dr. Werber Inken Pallas einen Vorschlag unterbreitete: »Solange wir nicht wissen, wie es mit der Hundestation weitergeht, schlage ich vor, dass die Hunde zu uns in die Tierklinik kommen. Die verletzten bringen wir auf der Krankenstation, die unversehrten im Stall und in der Scheune unter.«

Marie sah Inken Pallas deutlich an, dass ihr gerade ein tonnenschwerer Felsbrocken vom Herzen fiel. Ihre Augen schimmerten feucht, als sie sich überschwänglich bei Dr. Werber bedankte und ihn kurz drückte.

»Aber wie bringen wir die vielen Hunde zu Ihnen in die Tierklinik? In unserem Tierheimkastenwagen haben wir jetzt erst mal einen Teil der Katzen untergebracht. Und in Ihrem Auto liegen auch schon Patienten«, wandte sie ein.

»Ich frage die Feuerwehrleute«, bot Maike an.

Noch ehe sie jemand von ihrer Schnapsidee abbringen konnte, war sie zu den Einsatzfahrzeugen gerannt, die sich zur Abfahrt bereit machten.

Marie und Markus beobachteten aus der Entfernung, wie ihre Freundin sich vor den verdutzten Männern aufbaute und wild gestikulierte.

Die Feuerwehrleute schüttelten die Köpfe, der Einsatzleiter machte eine abwehrende Handbewegung, doch Maike wäre nicht Maike, wenn sie sich so leicht hätte abwimmeln lassen.

»Bitte, bitte! Den Hunden zuliebe! Sonst müssen sie die Nacht hier draußen im Regen verbringen. Ich weiß, dass Sie Ihre Vorschriften haben. Bitte machen Sie eine Ausnahme. Nur dieses eine Mal!«, bettelte sie und sah die Männer aus großen blauen Augen an.

»An eurer Stelle würde ich tun, was die kleine

Rote sagt!«, mischte sich jetzt der Po-versohl-Sanitäter ein. Hastig schloss er die hinteren Türen des Krankenwagens und beobachtete Maike dabei wie ein giftiges Insekt. »Ich schwöre euch, ihr werdet mit ihr sonst keinen Spaß haben!« Er schwang sich auf den Fahrersitz, ließ den Motor an und rief aus dem geöffneten Fenster: »Tut mir schrecklich leid, aber wir dürfen kein Tiere transportieren, Hygienevorschriften!« Dann brausten die Krankenwagen vom Hof.

Der Einsatzleiter der Feuerwehr musterte Maike skeptisch. Die hielt tapfer seinem prüfenden Blick stand und lächelte zuckersüß.

»Die hatten ja fast schon Angst vor dir!«, stellte er kopfschüttelnd fest. »Na, da will ich mich mal lieber nicht mit der Roten Zora anlegen!« Er befahl seinen Leuten, alle Hunde in die Einsatzwagen zu packen. »Junge Frau, dann zeigen Sie uns mal den Weg.«

»Endlich Feierabend!« Steffen Huber sog tief die regenschwere Nachtluft ein. Zufrieden schloss er die knarzende Stalltüre hinter sich, klopfte sich müde den Staub aus den Kleidern, warf einen prüfenden Blick in den immer noch wolkenverhangenen Himmel und erschrak. Ein Feuerwehrauto fuhr auf den Hof der Tierklinik, dicht gefolgt von einem zweiten.

Verflixt und zugenäht, dachte er. Was war hier los? So schnell würde er heute wohl doch nicht nach Hause kommen.

Was er dann sah, zauberte ihm allerdings ein breites Grinsen ins Gesicht. Diesen Anblick, da war er sich sicher, würde er nie wieder vergessen: Auf den Schößen verwirrt dreinblickender Feuerwehrleute saßen Dutzende von Hunden und drückten sich neugierig ihre Nasen an den Scheiben der Fahrerhäuser platt.

Die Beifahrertür des ersten Wagens wurde aufgestoßen und Maike, Marie, Stracciatella und Markus sprangen heraus.

Ein erster Hund wurde ihnen hinabgereicht, dann ein zweiter ...

»Hab ich's geahnt! Also doch wieder Arbeit!«, seufzte Huber, verabschiedete sich innerlich von seinem Bierchen, das seit Stunden auf ihn wartete, und öffnete schon mal die Tür zur Praxis.

Es dauerte nicht lange und überall auf dem Hof wuselte und bellte es. Stracciatella konnte sein Glück über so viele neue Kameraden kaum fassen! Aufgeregt rannte er Marie, Maike, Markus und Steffen zwischen den Füßen herum, bis die Freunde alle Neuankömmlinge in Stall, Scheune und Krankenstation untergebracht hatten.

Mittlerweile war es spät geworden. Maikes Vater hatte Huberchen mit dem Hänger nach Hause gebracht. Inken und ihre Helfer hatten begonnen, das Tierheim zu reinigen. Noch in dieser Nacht sollten bis auf die Hunde alle Bewohner wieder dort einziehen. Es würde eine lange, arbeitsreiche Nacht werden.

Dr. Werber versorgte die Notfälle, operierte den Mischling mit dem gebrochenen Bein, verarztete den Irischen Wolfshund und untersuchte die Dackelwelpen, deren Zustand sich trotz der Strapazen wie durch ein Wunder nicht verschlechtert hatte. Nachdem er sie in die Quarantäne der Tierklinik gebracht hatte, dachte er, auch er könnte sich jetzt endlich Ruhe gönnen. Aber da sollte er sich noch irren.

Marie, Maike, Markus und Steffen saßen erschöpft am Küchentisch und machten sich hungrig über Verena Werbers heiße Hühnersuppe her, als Dr. Werber sich abgeschlagen zu ihnen gesellte.

Marie liebte Mamas Hühnersuppe, denn sie half bei so ziemlich allem. Bei Erkältung, Traurigkeit und sie tat auch jetzt nach so viel Aufregung und Sorge gut.

Als Maries Mutter sich nach einer Weile nach vorn beugte, um Stracciatella vom Boden auf ihre Oberschenkel zu setzen, knirschte der Korbstuhl, als würden sich Feuerzungen durch das Holz fressen, und Maries aufflammende Erinnerungen an die Brandnacht jagten ihr kalte Schauer über den Rücken. Ganz deutlich durchschnitt ein weiteres beunruhigendes Geräusch das Schweigen.

Dr. Werber und Marie sahen sich erschrocken an.

Nein, es gab keinen Zweifel. Stracciatella hatte gehustet. Rau und trocken wie die Dackelwelpen.

8. Sorge um Stracciatella

»Ich versteh das nicht.« Dr. Werber beugte sich über Stracciatella, beklopfte den immer noch rußverschmierten Brustkorb und horchte ihn mit dem Stethoskop ab. Er legte es wieder zur Seite und kratzte sich unschlüssig am Kopf.

»Er hat kein Fieber, keinen Auswurf, keine Entzündung, seine Organe funktionieren einwandfrei, sein Blick ist klar - bis auf den Husten geht es ihm bestens. Er kann sich unmöglich mit Zwingerhusten angesteckt haben! Wenigstens in diesem Punkt kann ich schon mal Entwarnung geben.« Erneut erbebte Stracciatellas kleiner Körper unter einem quälenden, trockenen Hustenanfall. Flehentlich blickte er den Tierarzt aus großen schwarzen Augen an.

»Aber was fehlt ihm dann?«, fragte Marie ängstlich und streichelte Stracciatella nervös den Kopf.

Sie versuchte das Ziehen in ihren Schläfen und die bleierne Müdigkeit, die sie leicht schwanken ließ, zu ignorieren. Aber es war nichts zu machen. Die heutigen Ereignisse waren einfach zu viel gewesen. Sie spürte, wie ihre Kräfte langsam schwanden, und sie hatte nur noch zwei Wünsche: dass Stracciatella wieder gesund werden würde! Und dass sie beide endlich ins Bett kamen und sich ausruhen konnten.

Maike, Markus, Verena Werber und Steffen lagen sicher längst in den Federn, während sie sich mit ihrem Vater und ihrem immer stärker hustenden und würgenden Hund in der Praxis die Nacht um die Ohren schlug.

Abermals öffnete Dr. Werber Stracciatellas Maul und schaute mit einer kleinen Lampe in seinen Rachen. Er schien einen Verdacht zu haben.

»Ich sehe absolut nichts. Aber, Marie, lass uns etwas versuchen. Während ich Stracciatella an den Hinterbeinen hin und her schwenke, klopfst du ihm auf den Rücken«, sagte er. Er fasste Stracciatella vorsichtig über den Kniegelenken und hielt ihn kopfüber über den Behandlungstisch.

Marie und Stracciatella schauten sich erschrocken an und verstanden Dr. Werber und die Welt nicht mehr. Kläglich winselnd versuchte sich der kleine Hund aus der unbequemen Haltung zu befreien. Er zappelte und wand sich in Dr. Werbers Händen wie ein Mehlwurm, was aber nur zu einem erneuten Hustenanfall führte.

Mein armer Stracciatella!, dachte Marie. Sie war vom Anblick ihres kämpfenden Hundes wie gelähmt.

»Marie, mach schon! Klopf ihm endlich auf den Rücken!«, forderte ihr Vater sie ungeduldig auf.

Widerstrebend tat sie, was er von ihr verlangte. Stracciatella hustete, röchelte und strampelte. Er tat ihr unendlich leid und sie konnte kaum zusehen, wie er so hilflos durch die Luft schaukelte. Sie versuchte sich damit zu trösten, dass ihr Vater schon wissen würde, was er da tat.

»Ein bisschen fester, Marie, keine Angst, du tust ihm nicht weh! Es muss sein! Und es sieht wirklich schlimmer aus als es ist. Ich bin sicher, er hat es gleich überstanden«, ermutigte der Tierarzt seine Tochter. »So ist es gut! Weiter so! Ich wusste, du kannst das!«

Stracciatellas Husten wurde immer rauer und

gemeiner, sein Körper erbebte immer hässlicher. Maries Hundchen kämpfte und würgte. Speichel rann in kleinen schaumigen Bächen aus seinem geöffneten Maul.

Marie wollte ihren Vater anflehen, mit der verrückten Behandlung aufzuhören, da fiel etwas klappernd auf den silberglänzenden Behandlungstisch.

Dr. Werber setzte Stracciatella behutsam zurück und klopfte ihm beruhigend auf den Rücken. »Das hast du gut gemacht. Es ist alles wieder in Ordnung. Du hast noch mal Glück gehabt. Aber das hier, mein Lieber, solltest du in Zukunft besser lassen.«

Dr. Werber hob einen zerkauten Tubendeckel vom Tisch und zeigte ihn Marie.

»Diesen Deckel hatte dein verfressenes Hündchen zwischen seinen spitzen Zähnen. Aber statt darauf rumzukauen und ihn dann wieder auszuspucken, hat er ihn runtergeschluckt. Das zerbissene Plastikstück saß so tief in seiner Luftröhre, dass ich es nicht sehen konnte. Seine Zunge war schon blau. Wenn wir es nicht herausbekommen hätten, wäre er jämmerlich daran erstickt. Vor allem junge und verspielte Hunde nehmen alles ins Maul, wenn man nicht aufpasst, und prüfen, ob es essbar ist. Vermutlich hat er es aus der Praxis.«

Mit einem Seufzer warf Dr. Werber den zernagten Plastikdeckel in den Mülleimer.

Marie drückte Stracciatella erleichtert an sich. Der war heilfroh, dass die Husterei und Schaukelei vorbei war, zitterte aber immer noch ein wenig.

»Du Dummerchen! Hast du mir einen Schrecken eingejagt! Als ob wir heute nicht schon genug Aufregung gehabt hätten«, ermahnte Marie ihn zärtlich.

Stracciatella schob schuldbewusst seine Nase in ihre Achselhöhle und Marie und Dr. Werber mussten lachen.

Der Tierarzt desinfizierte den Behandlungstisch, räumte seine Instrumente weg, geriet dabei mit einer klemmenden Schublade in Streit und ließ sich müde auf einen Stuhl fallen.

Erst jetzt fiel Marie auf, wie abgekämpft ihr Vater wirkte. Unter seinen Augen hatten sich dunkle Ränder gebildet. Der Ruß schwärzte immer noch sein Haar, ein faustgroßes Loch klaffte in seiner Hose, gleich über dem Knie. Wie zwei zerrupfte, aus dem Nest gefallene Vögelchen sahen sie aus. Als sich ihre Blicke trafen, ahnte er wohl, was Marie dachte, denn sie mussten beide lachen.

»Wir sind vielleicht zwei bedauernswerte Helden.« Dr. Werber zog Marie unvermittelt auf seinen Schoß und schmiegte seine Wange in ihr Haar. »Es wird allerhöchste Zeit, dass wir ins Bett gehen. Du und Stracciatella, ihr solltet morgen unbedingt ausschlafen, hörst du! Ich will dich nicht wieder als Erste draußen bei deinen Rehen rumturnen sehen! Steffen kommt früher, kümmert sich um deine Tiere und hilft mir, die Tierheimhunde zu versorgen. Du kannst dich also beruhigt ausruhen!«

Dann drehte er sanft ihr Kinn zu sich und sah ihr tief in die müden Augen. »Du glaubst gar nicht, wie glücklich ich bin, dass dir nichts passiert ist!«, flüsterte er. »Deine Mutter und ich wären des Lebens nicht mehr froh geworden ohne unseren Sonnenschein. Du weißt doch, dass du unser Sonnenschein bist, oder?«

Marie spürte, wie ihr ganz warm im Bauch wurde, und nickte ein wenig stolz. »Ich bin auch soooo unendlich froh, dass es dir gut geht, Paps«, sagte sie. Und nachdem sie kurz überlegt hatte, fügte sie hinzu: »Ich habe eine Idee. Weißt du was?! In Zukunft sind wir einfach vernünftiger.«

Dr. Werber lächelte. »Ja, in Zukunft sind wir einfach vernünftiger.«

Stracciatella bellte zustimmend, schließlich war ER ja schon längst dieser Meinung.

9. Huberchens Sehnsucht

Am nächsten Morgen hatte sich der Herbst einen schöneren Umhang übergeworfen: himmelblau, verziert mit dicken weißen Wattewolken und Abermillionen funkelnder Tautropfen. Marie saß am Küchentisch und beobachtete den zu Ende gehenden Oktober, wie er seine bunten Farben über Wiesen, Wälder und Felder pinselte.

Die Backen prall gefüllt mit Honigbrot dachte sie über die Geschehnisse des letzten Tages nach und zermarterte sich den Kopf, wie sie dem Tierheim helfen könnte. Wo sollten sie nur das viele Geld hernehmen? Nachdem sie Stracciatella heute früh gründlich den Ruß aus dem getupften Fell shampooniert und dann selbst gebadet hatte, hatte sie ihre Ersparnisse gezählt. In ihrem Sparschwein waren 52 Euro und 15 Cent.

Marie hatte keine Vorstellung, wie viel genau ein

neuer Hundetrakt kosten würde. Aber 52 Euro und 15 Cent, so viel wusste sie, waren eindeutig zu wenig.

Bekannte Stimmen drangen von draußen in die Küche und verscheuchten ihre Gedanken. Stracciatella hörte auf, ihre Bissen zu zählen, sprang aufs Fensterbrett und bellte vergnügt. Im Stall erhoben sich Lachen und aufgekratztes Gebell, Türen wurden aufgestoßen und auf den Hof ergoss sich eine fröhlich schwanzwedelnde Meute.

Alle unverletzten oder so weit wieder gesunden Tierheimhunde wuselten Steffen und Maike vergnügt um die Füße, sprangen hechelnd an ihnen hoch, in freudiger Erwartung auf einen ausgedehnten Morgenspaziergang.

Selbst der Irische Wolfshund war unter ihnen und sah mit seinem weißen Verband auf dem Kopf aus wie ein schlappohriger Sultan mit Turban.

Marie stopfte sich schnell die Reste ihres Brotes in den Mund und riss das Fenster auf. Mit vollem Mund und immer noch ein wenig heiser rief sie: »Hey, guten Morgen! Wartet auf uns. Wir kommen mit!«

»Stracciatella, alter Freund. Hast du dein schwarzes Konfirmanden-Kittelchen etwa wieder abgelegt!

Sekunde, ich zähle mal schnell nach – tatsächlich, du trägst wieder genau 101 schwarze Punkte«, scherzte Steffen, griff nach dem kleinen Hund und ließ sich von ihm das Gesicht ablecken. »Na komm, alter Gauner, jetzt aber nichts wie runter zu deinen neuen Freunden. In den nächsten Tagen wird dir mit so viel Gesellschaft sicher nicht langweilig werden.«

Und wirklich. Stracciatella war im Hundeglück. Teil eines so großen Rudels zu sein, war für ihn der Hundehimmel auf Erden.

Pudel, Schäferhunde, Rottweiler, Mischlinge aller Art, große und kleine, glatthaarige und gelockte, kurz- und langbeinige Vierbeiner tobten lustig durcheinander. Und mittendrin ein glücklicher, frisch gebadeter, schwarz-weiß getupfter Hund.

Mit den Hunden waren neue Gerüche, Laute und vor allem jede Menge Lebensfreude in die Tierklinik eingezogen. Den Gästen gefiel ihre neue Unterkunft, die geräumigen Boxen, das gute Fressen und der Geruch von warmem Pferdefell, der stets in den Ställen hing.

Die neue Umgebung und Steffens spezielle Zuwendung taten ihnen gut. Marie vermutete, dass er sich heute Morgen schon ausführlich mit allen unterhalten hatte, denn sie klebten jetzt schon an ihm wie die Kletten.

Die ausgelassene Schar neckte und verfolgte sich spielerisch, balgte sich um die Bälle, die Marie und Maike ihr auf der Wiese zuwarfen, sprang über tauglänzende Büsche, über die weiten Felder und freute sich ihres Hundelebens.

Kaum ein anderes Tier, fand Marie, drückte im Spiel so viel ungetrübte Lebensfreude aus wie ein Hund.

Sie genoss den Spaziergang in vollen Zügen und wenn es nach ihr gegangen wäre, hätten ihre Gäste für immer in der Tierklinik bleiben können.

Nur Steffen beschwerte sich erwartungsgemäß über die zusätzliche Arbeit, die sich mit den Vierbeinern in der Tierklink eingenistet hatte.

Er starrte zum Himmel hinauf, missbilligend, als werfe er den Vögeln, die dort oben ihre Kreise zogen, vor, an allem schuld zu sein. Marie kannte und mochte diese kleinen geschauspielerten Auftritte. Jeder in der Tierklinik wusste, dass Steffen seine Arbeit über alles liebte und sie ihm in Wahrheit nie zu viel wurde. Aber ab und zu meinte er, wenigstens so tun zu müssen.

»Reine Vorsichtsmaßnahme, damit keiner meine Plackerei für selbstverständlich nimmt«, hatte er einmal in einem unbeobachtet geglaubten Moment seiner geliebten Katze Milva ins Ohr geflüstert.

»So voll war die Tierklinik noch nie«, stöhnte er nun. »Aber ich will mich ja nicht beklagen. Dafür machen die Patienten Fortschritte. Allen verletzten Hunden geht es gut und selbst die Dackelchen sind auf dem Weg der Besserung. So, wie es aussieht, können sie wahrscheinlich schon morgen die Quarantäne verlassen. Dann dürft ihr euch um sie kümmern.«

Marie konnte es gar nicht erwarten, die Welpen in die Arme zu schließen, sie zu füttern und mit ihnen zu spielen. Glücklich strahlte sie Maike an.

Erst jetzt fiel ihr auf, dass die ihr Pony gar nicht mitgebracht hatte. Als Marie sie danach fragte, richtete die Freundin ihren Blick missmutig auf den Boden und kickte nach etwas, das gar nicht da war.

»Alles okay?«, fragte Marie vorsichtig.

»Ehrlich gesagt: nein«, antwortete Maike ihr. »Huberchen macht mir seit ein paar Tagen Sorgen. Er wirkt irgendwie müde und heute früh hat er dann kaum etwas gefressen. Dein Vater hat ihn sich bereits angeschaut, aber er meint, er sei pumperlgesund.« Sie kratzte sich nachdenklich am Kopf. »Sag selbst, Marie, Huberchen und nichts fressen! Das ist doch so ungewöhnlich wie eine Kuh auf Kufen. Da muss was Ernsteres dahinterstecken.«

Marie nickte zustimmend. Wenn Huberchen mal keinen Hunger hatte, war wirklich irgendetwas oberfaul.

Marie betrachtete nachdenklich das tanzende Meer aus struppigen Körpern, tollenden Beinen und feuchten Nasen, das über Wege und Wiesen wogte. Pfoten in allen Größen hinterließen dunkle Spuren auf den feuchten Rasenflächen.

Als Steffen einem übermütigen Pinscher-Mischling, der einer zierlichen Cockerspaniel-Dame ins Ohr gezwickt hatte, die Leviten ließ, kam Marie eine Idee.

»Steffen, hättest du etwas dagegen, wenn wir mit der Meute zu Maike rübergehen und auf einen Sprung bei Huberchen vorbeischauen?«, fragte sie vorsichtig.

Steffen musterte Marie mit gerunzelter Stirn. »Von mir aus, aber nur, wenn du mir verrätst, was du vorhast!«

Marie hakte sich bei ihm unter und lenkte ihn Richtung Hof. »Ich dachte, du könntest vielleicht mal mit ihm reden.«

Steffen war einfach der beste Pferdeflüsterer auf der ganzen Welt. Davon war Marie felsenfest überzeugt. Und auch dieses Mal dauerte es nicht lange, bis er wusste, was Maikes Haflinger fehlte. Eine Weile stand er einfach nur bei ihm in der Box, redete sanft auf ihn ein und beobachtete ihn eindringlich. Das Pony rieb vertrauensselig seinen Kopf an Steffens Jacke und wunderte sich vermutlich, dass dieser Mann mit der blonden Tolle über der Stirn da so herumstand und es konzentriert musterte. Dann klopfte Steffen dem Pferdchen den Hals, verabschiedete sich freundlich von ihm und blickte sich im Stall um.

»Mensch, Mädels, jetzt schaut euch hier doch mal um. Kein Wunder, dass Herr Huber nichts mehr frisst! Würde ich an seiner Stelle auch nicht«, meinte er.

Maike und Marie sahen sich fragend an. Was gab es denn an Staudtes Stall auszusetzen? Der Haflinger hatte eine schöne, saubere, geräumige Box, bekam stets nur bestes Futter, frisches Wasser, genügend Auslauf, er weidete auf wunderschönen Weiden und aalte sich in der täglichen Zuwendung von Maike. Es gab nun wirklich keinen einzigen Grund, das Futter zu verweigern.

»Los, Mädels, strengt euch ein wenig an! Was seht ihr, wenn ihr euch hier umschaut?«, spornte Steffen die Mädchen an.

»Kühe?!«, antwortete Marie verunsichert.

»Die Kandidatin gewinnt hundert Punkte! Richtig, Kühe! Und was ist Huberchen?«, fragte Steffen.

»Ein Pferd!«, antwortete jetzt Maike.

»Wieder hundert Punkte. Es ist eigentlich ganz einfach. Stellt euch vor, ihr wärt ein Pferd. Allein unter Kühen. Wie würdet ihr euch irgendwann fühlen?«

»Einsam?!«

»Bingo, Marie. Ihr wärt schrecklich einsam. Herr Huber ist nicht krank, er ist einsam. Und das schlägt ihm mittlerweile auf den Appetit. Ihm fehlt ein Artgenosse«, erklärte Steffen und schob seine Schiebermütze aus der Stirn.

Marie und Maike sahen sich betroffen an. Sie schämten sich ein bisschen, dass sie darauf nicht selbst gekommen waren. Huberchen vermisste die zwei Pensionspferde, die vor zwei Wochen seine Nachbarboxen verlassen mussten, weil ihre Besitzer auf die Schwäbische Alb gezogen waren.

»Für ihn wäre es das Beste, es gäbe noch ein zweites Pferd im Stall«, meinte Steffen, als sie sich mit der verspielten Hundemeute auf den Rückweg machten.

»Es hat sich aber bisher niemand gemeldet, der sein Pferd bei uns unterstellen möchte. Und noch ein eigenes Pferd werden meine Eltern bestimmt nicht erlauben! Sie können doch nicht schon wieder ein Pferd kaufen, das wäre viel zu teuer«, sagte Maike bedrückt.

»Sobald die Rasselbande hier zurück im Tierheim ist, gibt es auch wieder leere Boxen in der Tierklinik. Dann stellen wir dein Pony eben dort zu den Pferden, bis neue Kameraden bei ihm einziehen«, schlug Steffen vor. »In der Zwischenzeit musst du dir keine Sorgen machen, Maike. Schau, dass du viel Zeit mit ihm verbringst. So wie dein Pony ausschaut, fällt es nicht so schnell vom Fleisch.«

Da hatte Steffen natürlich recht. Noch fraß Huberchen – nur eben weniger. Und das war lange noch nicht ZU wenig. Marie musste daran denken, wie aufgeregt Huberchen gewesen war, als Maike seine Möhre an ein anderes Pferd verfüttert hatte, und da fiel es ihr wieder ein. Der unheimliche Hof und das schwarze Pony!

»Steeeffen?!«, fragte Marie langgezogen. »Wärst du uns sehr böse, wenn wir dich mit den Hunden für ein paar Stunden alleine lassen würden? Es gibt da noch ein Tier, das unsere Hilfe benötigt.«

Steffen drehte theatralisch die Augen zum Himmel. »Lasst mich armen alten Mann nur allein auf der ganzen Arbeit sitzen. Es ist ja eh immer das Gleiche.«

Marie bekam ein schlechtes Gewissen und wollte schon einlenken. Da drehte sich Steffen um und zwinkerte ihr lächelnd zu.

10. Marie und Maike wirbeln Staub auf

»Ein zweites Pony, Geld für ein neues Tierheim ... am besten, wir schaffen uns kein Pferd, sondern einen Dukatenesel an«, stöhnte Maike, als sie Herrn Huber Richtung Anhöhe steuerte.

Den ganzen Weg zum unheimlichen Hof hatten sich die Freundinnen die Köpfe zerbrochen, wie sie Inken Pallas und ihren Schützlingen helfen könnten. Idee über Idee wurde geboren – schillernd und verheißungsvoll, aber keine einzige hielt der Realität stand. Alle zerplatzten sie wie Seifenblasen.

»Wir könnten einen Gassi-Geh-Service aufmachen«, schlug Maike vor. »Oder wir bieten Kinderreiten auf Huberchen an.«

Marie schüttelte den Kopf. »Hier auf dem Dorf, wo fast jeder ein Pferd oder Pony besitzt und wo die meisten Hunde eh den ganzen Tag draußen rumstreunen, sind das wohl keine so gewinnbringenden Ideen!«

Maike ließ sich nicht entmutigen. »Wir könnten Kekse backen und sie für 10 Cent in der großen Pause auf dem Schulhof verkaufen.«

Aber Marie wehrte nur wieder ab. »Überleg doch mal: 10 Cent für einen Keks, das sind ja schon fast die Kosten für die Zutaten, die wir einkaufen müssten. Wir würden überhaupt keinen Gewinn machen. Selbst wenn wir 20 Cent verlangen würden, müssten wir so viele Kekse verkaufen, um die Station zu finanzieren, dass wir noch in zehn Jahren am Backofen stehen würden.«

Rechnen gehörte einfach nicht zu Maikes Stärken. Aber Marie fiel auch nichts Vernünftiges mehr ein, wie sie schnell viel Geld für die Tiere verdienen konnten. Auf der Anhöhe parierte Maike Herrn Huber durch und sie blickten mit gemischten Gefühlen ins Tal.

»Wenn ich mich nicht so sehr auf das Pony freuen würde, hätte ich nicht die geringste Lust, dort runterzureiten. Ich finde den Hof nach wie vor unheimlich«, meinte Marie und schüttelte sich.

Stracciatella ließ zustimmend einen kleinen Schauer durch sein Fell laufen.

Marie musste an das Guckloch in der Stallscheibe und das Klacken denken. Aber sie versuchte tapfer, die unheimlichen Gedanken aus ihrem Kopf zu verbannen.

Es war merkwürdig. Selbst von hier oben sah der Hof unberührt aus. Als hätte ein Kind eine Spielzeuglandschaft auf einem grünen Teppich aufgestellt, mit säuberlich verteilten Bäumen, Zäunen, einem Haus, einer Scheune, einem Stall. Aber ohne Menschen, Tiere, Traktoren oder Autos. So gespenstisch still und verlassen breitete sich der Hof vor ihnen aus, als gäbe es außer ihnen keine anderen Menschen auf der Welt.

Als Huberchen über das Kopfsteinpflaster schlurfte, spielten sich Stall- und Hauswände das Echo seiner Hufe zu. Das helle Zahnspangenhaus träumte verlassen vor sich hin und seine Haustür aus massivem dunklem Holz sah alles andere als einladend aus.

Marie musterte unbehaglich die verschlossenen Fensterläden und aufs Neue beschlich sie das Gefühl, dass sie irgendwer hinter einem der verriegelten Fenster beobachtete.

Die Mädchen schauten sich suchend um und es dauerte einen Augenblick, bis Stracciatella das Pony entdeckte und Laut gab. Jemand hatte es wieder auf die Koppel gelassen und nun verbarg es sich unter den herabhängenden Zweigen einer Trauerweide.

Als es die Mädchen erkannte, trabte es jedoch freudig wiehernd aus seinem Unterschlupf auf sie zu und Marie ging das Herz auf. Die Ereignisse der Brandnacht hatten ihre Gedanken und Gefühle für die Stute fast aufgefressen. Aber wie sie jetzt vor ihr stand und neugierig ihren hübschen Kopf über das Gatter streckte, spürte Marie wieder dieses warme, wunderbare Gefühl. Diese Sehnsucht, ihr die Mähne zu kraulen, sie zu pflegen, sie von der Weide zu führen, sie zu satteln, sie zu reiten - sie mit nach Hause zu nehmen.

»Mein Gott, schaust du schon wieder verliebt aus der Wäsche!«, unterbrach Maike grinsend ihre stille Schwärmerei. »Komm, hilf mir die Putzsachen auszupacken, damit wir gleich loslegen können.«

Bis zum Rand hatten sie Huberchens Satteltaschen mit allem vollgestopft, was Maikes Putzkiste hergegeben hatte. Striegel, Kardätsche, Halfter, Strick, Hufkratzer, Hufffett ... einfach alles.

Maikes Haflinger schien der Stute den Vorfall mit der Karotte verziehen zu haben und fing jetzt an, neugierig ihre Nüstern zu beschnüffeln. Über so viel unerhörte männliche Nähe quiekte die Stute erst mal pikiert auf, drehte ihm abwehrend ihr Hinterteil zu und keilte aus. Aber Herr Huber ließ nicht locker und es dauerte nicht lange, da ließ sie sich seine Zärtlichkeitsbekundungen gefallen. Ganz nah stellte er sich zu ihr ans Gatter und begann, zärtlich an ihrer Mähne zu knabbern.

»Sieh einer an.« Maike lachte. »Wir haben es hier mit einer Eins-a-Herzräuberin zu tun. Zack, schon wieder ist einer frisch verliebt. Kann mir hier vielleicht einmal jemand verraten, was dieses Pferd hat, was ich nicht habe?« Sie seufzte und warf sich gespielt beleidigt ihre roten Locken über die Schultern.

Marie musste so lachen, dass sie für einen Moment sogar ihr mulmiges Gefühl vergaß.

Bereitwillig ließ sich die Stute das Halfter überstreifen und mit einem Strick am Koppelzaun anbinden. Sie genoss es sichtlich, endlich wieder die kreisenden Bewegungen eines Striegels auf ihrer Haut zu spüren, und rieb dankbar ihren Kopf an Maries Schulter.

Es dauerte nicht lange und die Mädchen umnebelte eine dichte Wolke aus Dreck, Staub und Haaren. Stracciatella musste laut niesen und brachte

sich, über die Staubattacke leicht empört, etwas abseits in Sicherheit. Er zog es vor, genüsslich in einem Haufen frischer Pferdeäpfel zu baden, um ein für seine Nase unwiderstehliches Parfüm anzulegen.

Maike zog angeekelt ihre Nase kraus. »Stracciatella, du Ferkel. Marie, ich fürchte, den Rückweg muss dein Hund leider laufen!«

Marie tat so, als hätte sie den Kommentar überhört, und striegelte ihre Kleine mit vor Anstrengung zusammengekniffenen Lippen. »Mein Gott, da kommt ganz schön was runter. Da werden wir wohl ein Weilchen beschäftigt sein«, stöhnte sie.

Konzentriert arbeiteten die Mädchen und Marie genoss es, ihrem neuen Schatz so nahe zu sein.

Unauffällig, sodass es ihre Freundin nicht bemerkte, schaute sich Marie dabei immer wieder um. Aber alles blieb still und unverdächtig.

»Du bist ja gar kein wandelnder Dreckklumpen. Mensch, so langsam taucht unter der dicken Schlammkruste tatsächlich ein echtes Pony auf«, witzelte Maike, und Stracciatella pflichtete ihr mit einem vergnügten Bellen bei.

»Leise, Stracciatella, mach nicht so einen Krach!

Falls hier doch jemand ist, musst du ihn ja nicht auf uns aufmerksam machen«, ermahnte Marie ihren Hund.

Nach einer Weile schmerzten ihre Arme, aber die Plagerei hatte sich gelohnt.

Maike trat einen Schritt zurück und betrachtete ihr gemeinsames Werk. Sie sah höchst zufrieden aus - wie Huberchen, wenn er eine frische Möhre aufgestöbert hat, und das an einem ganz unverhofften Ort.

»Da haben wir ganze Arbeit geleistet. Und langsam versteh ich, warum hier alle reihenweise in blinder Liebe für dich entbrennen. So auf Vordermann gebohnert bist du eine richtige Schönheit«, lobte Maike die Stute anerkennend.

Sichtlich stolz baute das Pony sich vor den Mädchen auf und suchte fordernd in ihren Taschen nach einer Belohnung.

Marie strich ihre Bürste gründlich am Striegel aus, als sie unwillkürlich zusammenzuckte. Da war es wieder! Das unheimliche Klack, klack, klack. Diesmal täuschte sie sich nicht! Und an Maikes angstgeweiteten Augen erkannte sie, dass auch sie es hörte. Klack, klack, klack ... Immer näher kam es. Marie kniff die Augen zusammen und suchte angestrengt die Umgebung ab. Aber sie konnte nicht erkennen, woher das unheimliche Geräusch kam.

Stracciatella erhob sich, baute sich schützend vor den Mädchen auf, stellte die Nackenhaare auf und knurrte. Er spürte, wie die Angst um die Ecke kroch und von den Mädchen Besitz ergriff.

Marie lehnte sich an die Stute, als könnte sie ihr den Rücken stärken.

Klack, klack, klack ... sehr weit konnte es jetzt nicht mehr entfernt sein, denn es wurde immer lauter. Und dann sahen sie, woher es rührte. Marie hob die Hand, als könnte sie das Unheil, das jetzt gleich über sie hereinbrechen würde, noch abwenden. Aber es war zu spät.

11. Das Geheimnis um Pfeffer

Mit gekrümmtem Rücken, den rechten Arm schwerfällig auf eine Krücke gestützt, humpelte ein alter, finster dreinblickender Mann auf sie zu. Klack, klack, klack ... mit jedem mühseligen Schritt hallte der Aufprall seiner Krücke dumpf über den Hof. Ein mürrisches Selbstgespräch wurde hörbar, schnaufend, aber unaufhaltsam schlurfte er näher.

Hohlwangig stand er jetzt vor ihnen, bleich wie der Tod, mit wirrer Frisur, das Gesicht voller grauer Bartstoppeln. Seine trüben Augen musterten sie misstrauisch. Dann richtete er wütend das Wort an sie. Mit einer Stimme wie glühende Kohlen und schneidende Kälte in einem: »Was habt ihr hier zu suchen?«

Marie senkte verlegen den Kopf und wünschte sich an einen anderen Ort. Auch Maike schwieg und zerbiss sich vor Anspannung die Unterlippe.

»Seid ihr etwa stumm?! Ich habe euch etwas gefragt.« Er wischte sich mit einer zerfurchten Hand über seine spröden Lippen und musterte sie feindselig.

Marie fürchtete sich vor dem giftigen Alten und musste all ihren Mut zusammennehmen, um ihm zu antworten. »Wir wo-wollten doch nur ...«, stotterte sie, aber er fiel ihr augenblicklich ins Wort.

»Ihr wolltet, ihr wolltet«, äffte er sie bösartig nach. »Ich sage dir, was ihr wolltet. Hier rumschnüffeln. Auf meinem Gelände, wo ihr überhaupt nichts zu suchen habt. Nichts, aber auch rein gar nichts. Wenn ihr nicht sofort verschwindet, ruf ich die Polizei. Macht, dass ihr wegkommt, und lasst euch hier nie wieder blicken!« Bei jeder Aufforderung schlug er mit der Krücke hart auf den Boden.

Als jedoch nun die schwarze Stute begann, ihre Nüstern an seinem Arm zu reiben, verlor er von einer Minute auf die andere an Härte.

»Wie geht es dir, meine schöne Pfeffer?« Er sprach ihren Namen aus, als hätte er Zuckerwatte auf der Zunge. Die Aura der Kälte, die ihn eben noch wie ein Panzer umgeben hatte, war plötzlich wie weggeblasen und er wirkte einfach nur noch alt, krank und zerbrechlich. Zärtlich streichelte er der Stute über den Hals und als er bemerkte, wie gepflegt sie aussah, blitzte so etwas wie Dankbarkeit in seinen Augen auf.

Sosehr seine Zunge sie gerade noch verwünscht hatte, Marie konnte in seinen Augen einfach keine Wut mehr sehen, keine Abscheu. Sie konnte sich auch nicht erklären, warum, aber auf einmal hatte sie keine Angst mehr vor ihm. Ihre neu gewonnene Erkenntnis ermutigte sie, ihn etwas zu fragen. »Ist das Ihr Pony?«

»Was geht dich das an?«, gab er wütend zurück.

»Sie haben ja recht, eigentlich geht es uns überhaupt nichts an. Und es tut uns auch leid, dass wir ohne Erlaubnis auf Ihr Grundstück gekommen sind. Aber als wir hier vorbeigeritten sind, haben wir das Pony entdeckt und uns Sorgen gemacht, weil es im Regen so einsam auf der Koppel stand. Es war niemand da, den wir darauf ansprechen konnten, also haben wir uns um das Pferdchen gekümmert. Wenn Sie wissen, wem es gehört, könnten wir ihn fragen, ob wir nicht ab und zu nach ihm sehen dürften«, erwiderte Marie und rechnete mit einem weiteren Schwall übler Beschimpfungen.

Aber dem alten Mann war dieser Vorschlag nicht mal eine Antwort wert. Er drehte sich wortlos um und humpelte auf seinen Stock gestützt davon.

Es dauerte einen Moment, bis Marie ihre Gedanken sortiert hatte: Sie hatte keine Zweifel, dass das Pony dem alten Mann gehörte, so liebevoll und vertraut, wie er es angesehen hatte. Und er kannte seinen Namen. Pfeffer! Was für ein hübscher Name für ein schwarzes Pony. Aber warum wollte er ihnen nicht verraten, dass es sein Pferd war? So schlecht, wie es dem Mann zu gehen schien, konnte er doch froh sein, wenn sie ihm halfen. Irgendetwas war da faul! Und Marie wollte unbedingt herausfinden, was.

»Los, wir folgen ihm!«, forderte sie Maike auf.

Die wurde ganz blass und schüttelte ihre roten Locken. »Bist du wahnsinnig? Du hast gehört, was er gesagt hat! Wenn wir nicht sofort verschwinden, holt er die Polizei!«

Marie zog der Stute das Halfter vom Kopf und schnaubte verächtlich.

»Wer wird hier wohl vorfahren, wenn der alte Mann die Polizei holt, Maike? Na, klingelt's?! Genau, Markus' Vater. Was soll uns also schon passieren?!

Bis ich nicht weiß, wem das Pony gehört, wer sich darum kümmert und wie es mit ihm weitergeht, verlasse ich den Hof nicht. Das bin ich Pfeffer schuldig. Los. Komm jetzt, ihm nach!«

Doch als sie Huberchen am Gatter festband, fiel ihr plötzlich etwas auf. Von einer Minute auf die andere war es wieder totenstill auf dem Hof geworden. Das Klacken der Krücke war unvermittelt verstummt. Marie und Maike sahen sich fragend an.

»Er kann unmöglich schon in seinem Haus angekommen sein. Irgendetwas muss da passiert sein. Schnell, lass uns nachsehen!«, rief Marie.

Stracciatella lief ihnen hechelnd voraus und während den Mädchen noch die Scheune den Blick auf den Hof verwehrte, war er bereits in den Hof gelaufen und bellte. Als die Freundinnen um die Ecke bogen, sahen sie, worüber sich Stracciatella so aufregte: Zwischen Wohnhaus und Stall, gleich neben dem Misthaufen, lag der alte Mann mit dem Rücken im Dreck und rührte sich nicht mehr.

»Um Gottes willen, er ist gestürzt, wir müssen ihm helfen!«, rief Marie und eilte zu ihm.

Stracciatella leckte dem Mann mit seiner nassen Zunge das Gesicht und stupste ihn mit der Nase am Arm, aber der Alte blieb bewegungslos liegen.

Erschrocken kniete sich Marie neben den Mann auf den Boden, schob vorsichtig ihre Hände unter seinen Kopf und hob ihn ein kleines Stückchen an.

»Hallo, können Sie mich hören?«, fragte sie ihn mit zitternder Stimme.

Doch er reagierte nicht. Seine Augen blieben fest geschlossen, seine Glieder schlaff, ohne jedes Leben.

»Ich glaube, er ist ohnmächtig, wir müssen einen Arzt rufen!«, meinte Maike verzweifelt.

Aber sobald das Wort Arzt ihren Mund verlassen hatte, öffnete der alte Mann angestrengt seine Augen. Seine Stimme klang jetzt matt und eingerostet wie eine alte Scheunentür.

»Keinen Arzt«, röchelte er, »hört ihr, unter keinen Umständen einen Arzt!«

Dann versuchte er sich auf seine Ellenbogen zu stützen, fiel jedoch augenblicklich wieder in sich zusammen.

»Aber Sie sind gestürzt, wir holen lieber einen

Arzt. Wer weiß, was Ihnen fehlt. Vielleicht haben Sie sich was gebrochen?!«, erwiderte Marie.

Stöhnend setzte der Mann sich auf, sein Oberkörper schwankte leicht und Marie reichte ihm den Arm.

»Es geht schon wieder«, murmelte er und rieb sich den Rücken. Er verzog vor Schmerz sein Gesicht und Marie sah deutlich, dass es ihm alles andere als gut ging. Aber er wiegelte ab. »Glaubt mir. Es ist wieder alles in Ordnung. Unkraut vergeht nicht. Helft mir auf und dann bringt mich bitte ins Haus.«

Marie und Maike sahen sich erschrocken an. Sie wussten, dass der gebrechliche Alte keine Gefahr darstellte und ihre Hilfe brauchte. Aber keine von ihnen war besonders wild darauf, auch nur einen Fuß in das unheimliche Zahnspangenhaus zu setzen. Und so zögerten sie. Er schien ihre Gedanken zu lesen, denn nun machte er ihnen ein Angebot, dass sie ihre Furcht vergessen ließ.

»Wenn ihr mir ins Haus helft, erzähle ich euch, was es mit Pfeffer, dem Hof und mir auf sich hat. Unter einer Bedingung: Ihr müsst mir beim Leben eurer Eltern versprechen, dass ihr mit niemandem darüber redet! Mit absolut niemandem! Könnt ihr das, ein Geheimnis bewahren?« Der alte Mann blickte Marie direkt in die Augen.

Die hielt seinem Blick stand und nickte.

»Ja!«, antwortete sie. »Das können wir.«

12. Der einsame Hans

Das Zahnspangenhaus war unordentlich und vollgestopft wie das Versteck einer Elster. Pferde- und Hundebücher lagen auf Tischen, Stühlen und Fensterbänken, aufeinandergestapelt oder angelesen. Breitmäulige Schubladen gaben aufgezogen den Blick frei auf ihre mit zerwühlten Kleidern überladenen Rachen. Bilder verblassten hinter mehliger Staubschicht. Egal ob Küche, Flur, Wohn- oder Schlafzimmer, überall herrschte gleichgültiges Durcheinander.

Auf einem Sims ächzte ein Ablagekorb unter der Last ungeöffneter Briefe. Dort wo einst prächtige Pflanzen miteinander um die Wette geblüht haben mussten, standen leere Blumentöpfe. Ein vertrocknetes Zitronenbäumchen war mit schimmernden Spinnweben überzogen, die im Lichtstrahl einer antiken Porzellan-Lampe wie Raureif glitzerten.

Als Stracciatella von seiner eigenmächtigen Erkundungstour durch das geräumige Haus zurück ins Schlafzimmer kam, lustig verziert mit unzähligen grauen Wollmäusen, musste er ein paarmal kräftig niesen.

Die Mädchen hatten dem Mann vorsichtig ins Bett geholfen, ihm mit schweren Kissen den Rücken gestützt und Tee gekocht. Das Tageslicht sickerte dünn durch die geschlossenen Fensterläden. In den mächtigen Federkissen wirkte der alte Mann noch zarter und gebrechlicher.

»Setzt euch!«, ermutigte er die beiden mit angestrengter Stimme und deutete mit einem Nicken auf die Bettkante.

Zitternd hielt er seinen heißen Tee und blickte Marie freundlich an.

»Sind Sie sicher, dass wir keinen Arzt holen sollen?!«, fragte sie abermals besorgt.

Aber er schüttelte nur müde den Kopf. »Kinder, wenn ihr einen Arzt holt, dann wird der mich in ein Krankenhaus oder Heim stecken. Und meinen Hof sehe ich nie wieder. Deshalb war ich so grob zu euch, weil ich fürchtete, ihr könntet jemandem von mir und Pfeffer erzählen. Es tut mir leid. Aber es wäre das Schlimmste für mich, wenn ich weg müsste von meiner geliebten Ponydame. Sie ist doch das Einzige, was ich noch habe.«

Mit traurigen Augen schaute er eine Weile ins Nichts. Inzwischen war er beiden Mädchen kein bisschen mehr unheimlich. Er tat ihnen einfach nur noch leid.

»Kind, gibst du mir bitte das Fotoalbum dort!«, sagte er schließlich an Marie gewandt.

Er zeigte mit kraftloser Geste auf einen mächtigen Schreibtisch aus Holz. *Hans und Andrea* stand in goldenen Buchstaben auf dem Ledereinband des Buches. Mit zitternden Händen schlug er es auf, nachdem Marie es ihm gereicht hatte.

»Seht ihr, so sah es hier vor einigen Jahren aus! Der schönste Bauernhof im ganzen Umkreis und das schönste Leben der Welt. Mit Leib und Seele war ich Landwirt und Pferdezüchter.«

In seinen Augen blitzten Stolz und Zufriedenheit auf und es schien, als ginge von den Bildern eine unerklärliche Kraft auf ihn über. Trotz Schmerzen und Anstrengung machte es ihm sichtlich Freude, von den alten Zeiten zu erzählen.

Die Fotos zeigten einen gepflegten Bauernhof mit Pferden, Hunden, Kühen, Katzen und vor allem Menschen.

Marie staunte darüber, was für ein stattlicher Mann er gewesen war. Größer wirkte er auf den Bildern, gesund und glücklich. An seine breite Schulter gelehnt lachte ihn fröhlich eine hübsche dunkelhaarige Frau an.

»Meine Andrea ist vor drei Jahren gestorben. Seitdem bin ich alleine. Wie jung wir auf den Bildern noch waren«, seufzte er. »Wir haben keine Kinder. Eine alte Freundin aus dem Dorf versorgt mich mit dem Nötigsten. Sie verrät mich nicht, auf sie kann ich zählen. Seit Monaten habe ich den Hof nicht mehr verlassen. Ich möchte hierbleiben. Mit meinen Erinnerungen und Pfeffer. Bis meine Zeit gekommen ist und ich zu meiner Andrea gehen darf, das ist mein größter Wunsch.«

Sie blätterten durch das Album. Marie erfuhr und lernte viel von Hans. Sie erzählte von ihrem Leben in der Tierklinik, Maike von ihrem auf dem Bauernhof, und die Stunden vergingen wie im Flug. Die drei waren so in ihr Gespräch vertieft, dass Stracciatella fand, es sei dringend an der Zeit, auf sich aufmerksam zu machen. Mit behutsamen

Bewegungen sprang er aufs Bett und schmiegte sich zärtlich an Hans. Marie wollte ihn verscheuchen aus Angst, Hans könnte keine Hunde im Bett dulden. Noch dazu in seinem Zustand. Aber der winkte ab.

»Lass ihn ruhig bei mir. Es tut so gut, mal wieder die Wärme eines Hundes unter den Fingern zu spüren. Und er ist so ein netter Kerl. Er erinnert mich ein bisschen an meinen Bobby.« Hans lächelte und fuhr Stracciatella zärtlich durch sein struppiges Fell. »Bobby war mein letzter Hund. Ein hübscher schwarz-weißer Mischling, genau wie du, mein Freund. Und so eine liebe Seele. Jeden Tag hat er mich seine Dankbarkeit dafür spüren lassen, dass ich ihn aus dem Tierheim geholt habe. Alle meine Hunde waren aus dem Tierheim. Alle. Ach, Bobby. Keinen Zentimeter ist er mir von der Seite gewichen. Wirklich, er war so ein Prachtkerl.«

Marie warf Maike einen vielsagenden Blick zu. Dann wandte sie sich wieder an den alten Mann. »Sie werden es sicher nicht mitbekommen haben, aber ein Teil des Tierheims ist letzte Nacht bis auf die Grundmauern abgebrannt. Die Tiere konnten Gott sei Dank alle gerettet werden, aber die Tierheimleiterin Inken Pallas weiß jetzt nicht, wohin mit ihnen.«

Hans blickte die Mädchen betroffen an. »Das ist ja schrecklich! Hilft ihr denn keiner?«

Die Mädchen schüttelten traurig den Kopf.

»Die Hunde sind zurzeit bei uns in der Tierklinik untergebracht. Aber das ist auf Dauer auch keine Lösung. Wir wissen einfach nicht weiter«, antwortete Marie zerknirscht.

Hans kraulte Stracciatella abwesend die Ohren und schwieg.

Das machte er eine ganze Weile, was Stracciatella sichtlich gefiel, dann hob Hans den Arm, um mit schmerzverzerrtem Gesicht das Fotoalbum auf das Nachttischchen zu legen.

»Glauben Sie nicht, wir sollten doch einen Arzt holen?!«, wandte Marie ein.

Doch Hans schüttelte abermals den Kopf.

Marie konnte ihn gut verstehen. Ohne Tiere leben. Ohne den Ort, an dem man so viele Jahre lang glücklich gewesen war. Was für eine schreckliche Vorstellung! Auf der anderen Seite musste es ihn schmerzen, dass er sich wegen seiner Krankheit nicht besser um Pfeffer kümmern konnte.

Marie erschrak, als er jetzt unvermittelt ihre Hand in seine nahm.

»Du hast ein mutiges Herz, mein Kind. Ich habe

gleich gemerkt, dass du Tiere über alles liebst und für sie lebst. Darum würde ich euer Angebot gern annehmen. Wäre es möglich, dass ihr euch um Pfeffer kümmert?«

Marie warf Maike einen verstohlenen Blick zu. Es war ihr unangenehm, dass Hans sich nur an sie wandte und Maike kaum beachtete. Aber die blickte sie freundlich an und nickte zustimmend.

»Natürlich, gerne«, antwortete Marie blitzschnell aus Angst, er könnte es sich doch noch einmal anders überlegen.

»Und zu keinem ein Wort! Ich verlasse mich auf euch. Und nennt mich doch bitte Hans.« Er lächelte. »Ach, noch was. Der Haflinger, den ihr dabeihabt, ich kann mich irren, aber ich finde, er sieht irgendwie traurig aus. Vielleicht fehlt ihm eine Freundin. Überlegt mal, ob wir Pfeffer nicht mit ihm zusammenstellen wollen. Was haltet ihr davon? Pfeffer würde es guttun, wenn sie endlich wieder einen Freund hätte.« Er nickte Maike aufmunternd zu.

»Das ist eine großartige Idee«, meinte Maike und fuhr sich aufgeregt durch ihre roten Locken. »Huberchen ist im Moment wirklich alleine. Und so wie es aussieht, hat er sich eh schon Hals über Kopf in die Kleine verliebt.«

Marie lachte, Hans lächelte wissend und gähnte. Mit letzter Kraft zog er sich die Decke bis über das Kinn und rutschte tiefer in die Kissen.

»Entschuldigt mich jetzt bitte, aber ich muss mich ausruhen. Es war alles ein bisschen viel heute für einen alten Mann wie mich. Danke, dass ihr mir geholfen habt. Wir sehen uns ja morgen wieder.« Dann schloss er die Augen und fiel sofort in einen tiefen Schlaf.

Die Krankenstation der Tierklinik war am Abend erfüllt mit zufriedenem Schlabbern und Schmatzen. Marie und Maike hatten ihre tägliche Fütterungsrunde beendet und verwöhnten die Dackelbabys noch ein wenig mit Streicheleinheiten.

Auch wenn ihr Fell längst noch nicht so schön war wie das eines gesunden Hundes, sah es doch schon viel besser aus. Mittlerweile hatten die drei genug Kraft, um herumzutoben und den Mädchen freudig die Hände zu lecken.

Marie war unendlich dankbar, dass sie über den

Berg waren. Wenn ihr nur nicht das schlechte Gewissen so schwer auf der Seele gelastet hätte. Sie machte sich schreckliche Vorwürfe.

»Ich habe kein gutes Gefühl, dass wir Hans alleine zurückgelassen und keinen Arzt gerufen haben«, nuschelte sie in das duftende Welpenfell.

Der süßliche Geruch beruhigte sie ein wenig. Den ganzen Heimweg über hatte sie sich den Kopf zermartert. Und selbst jetzt, Stunden später, nachdem Marie und Maike Steffen Huber im Stall geholfen und die Hunde versorgt hatten, fand sie keine Ruhe.

»Aber du hast gehört, was Hans gesagt hat«, erwiderte Maike und stellte den Futtereimer auf den Boden. »Er wollte unter gar keinen Umständen einen Arzt. Und wir haben versprochen, ihn nicht zu verraten. Hör auf, dir Gedanken zu machen. Du wirst sehen, morgen, wenn wir Pfeffer besuchen, geht es ihm schon viel besser.«

Maike hat recht, dachte Marie. Ich sollte aufhören, mir unnötig Sorgen zu machen.

Versonnen kraulte und kitzelte sie den kleinen, noch nackten Welpenbauch und musste über die großen tapsigen Pfoten lächeln, die fröhlich in der Luft ruderten.

Ein Lächeln, das ihr Steffen, der gerade in die Krankenstation gepoltert kam, schlagartig vom Gesicht wischte. Wütend riss er sich seine Mütze vom Kopf und warf sie auf den Boden.

»Diese verdammten Bürokraten. Ich fass das einfach nicht. Was kann Inken dafür, dass ein verdammter Kurzschluss ihre Hundestation in Schutt und Asche gelegt hat?! Diese Verbrecher von der Bank zwingen sie allen Ernstes, das Tierheim zu schließen, weil sie ihre Schulden für das Gebäude nicht sofort zahlen kann. Und Geld für den Wiederaufbau wollen sie ihr schon gar nicht geben. Sie reißen das Gebäude einfach ab, um Wohnungen auf das Grundstück zu bauen! Das bringt diesen Halsabschneidern mehr Geld.« Schnaubend ließ er sich auf eine Transportkiste fallen.

»Und was wird aus den Tieren?«, fragte Marie erschrocken.

»Das interessiert doch die feinen Herren nicht. Und ich weiß es ehrlich gesagt auch nicht. Bis morgen Mittag soll Inken das Tierheim räumen.«

Die Mädchen sahen sich bestürzt an.

»Das können die doch nicht machen!«, rief Marie aufgebracht, und Stracciatella bellte zustimmend.

»Doch, Marie, das können sie. Leider«, antwortete Steffen müde. »Wenn nicht noch ein Wunder geschieht, wird es morgen kein Tierheim mehr in unserer Gegend geben. Inken hat sogar schon Kontakt zu einem Pferdehändler aufgenommen, weil sie die großen Tiere zuerst wird abgeben müssen.«

13. Eine Nachricht für Marie

Die ganze Nacht hatte sich Marie unruhig in den Kissen gewälzt. Die Frage, wie es jetzt mit dem Tierheim weitergehen würde, hatte sie nicht losgelassen und ihr den Schlaf geraubt.

Gleich am nächsten Morgen, als sich verschlafen die ersten Sonnenstrahlen durch die Bäume tasteten, machte sie sich übermüdet mit Maike auf, um nach Hans und Pfeffer zu sehen. Wenigstens hier konnte sie etwas Nützliches tun.

Die Klingel bekam ihren üblichen Tobsuchtsanfall. Einmal, zweimal, dreimal. Aber im Inneren des Zahnspangenhauses blieb alles ruhig.

»Hans, wir sind es, mach auf!«, riefen die Mädchen und trommelten mit ihren Fäusten an die schwere Haustür.

Stracciatella bellte, so laut er konnte. Aber Hans antwortete nicht. Nichts rührte sich. Marie und

Maike schauten sich alarmiert an. Ob es Hans doch schlechter ging?

»Oh, mein Gott, wir müssen meinen Vater informieren!«, rief Marie. »Maike, gib mir bitte dein Handy!« Eine böse Ahnung machte sich in ihr breit, als sie Dr. Werber am Telefon schnell alles Wichtige schilderte.

Marie konnte nicht sagen, wie lange sie mit Maike danach auf der Treppe vor dem Haus gewartet hatte. Allzu lang konnte es nicht gewesen sein, aber es kam ihr vor wie eine Ewigkeit.

Aufgeregt sprang sie auf, als endlich ihr Vater in Begleitung von Dorfpolizist Roth und dessen Sohn Markus vorfuhr. Gefolgt von einem Krankenwagen, aus dem zwei alte Bekannte stiegen. Die Sanitäter ignorierten Maikes kleinen tödlichen Blick und schoben hektisch eine Bahre aus dem Wagen. Nach wenigen geschickten Handgriffen mit dem richtigen Werkzeug hatte Markus' Vater die Haustür aufgebrochen.

»Ihr wartet hier!«, befahl Dr. Werber den drei Kindern, und die Männer verschwanden eilig im Haus.

Marie war erleichtert, als ihr Vater sie schließlich endlich zu sich rief. Zerbrechlich wie ein kleiner

Vogel, mit verstrubbelten Haaren und reichlich blass um die Nase blinzelte Hans ihnen freundlich aus seinem Kissen zu. Am Bein trug er einen dicken Verband.

Selten war Marie so erleichtert gewesen, jemanden wiederzusehen. Am liebsten hätte sie ihn umarmt, aber der strenge Blick des Po-versohl-Sanitäters hielt sie davon ab.

»Sie haben sich beim Sturz den Knöchel geprellt, Herr Kollmer«, sagte er. »Über Nacht ist er böse angeschwollen. Kein Wunder können Sie nicht mehr auftreten, geschweigen denn zur Tür laufen. Es tut mir leid, Ihnen das sagen zu müssen, aber auch sonst sieht es nicht gut aus mit Ihrer Gesundheit. Sie brauchen unbedingt jemanden, der nach Ihnen schaut. Jemand vom Pflegedienst. Oder ich muss Sie in ein Heim einweisen. Ich werde die zuständigen Kollegen bitten, sich umgehend mit Ihnen in Verbindung zu setzen.«

Je länger Marie auf den Worten des Mannes herumkaute, desto weniger schmeckten sie ihr. Genau das hatte Hans nie gewollt!, dachte sie verzweifelt. Hätte sie nur nicht ihren Vater angerufen, dann wäre es nicht so weit gekommen.

Sie machte sich fürchterliche Vorwürfe und

traute sich kaum, Hans in die Augen zu schauen. Verlegen und schuldbewusst zog sie den Kopf zwischen ihre Schultern wie eine Schildkröte und nestelte nervös an Stracciatellas Halsband herum. Mit ihrer Freundschaft, da war sie sich ganz sicher, war es jetzt vorbei. Doch als sie kurz zu Hans hinüberblickte, lächelte er sie zu ihrer großen Überraschung freundlich an.

»Es tut mir so leid ...«, setzte Marie an, aber er ließ sie nicht aussprechen. Schwerfällig beugte er sich zu ihr vor und flüsterte ihr etwas ins Ohr.

Etwas Unglaubliches.

Etwas so Unglaubliches, dass es eine Weile dauerte, bis die Worte Marie erreichten.

Erleichterung und Glück machten sich in ihr breit. Vor Freude fiel sie Hans jetzt um den Hals, ganz gleich wie grimmig der Sanitäter schaute.

»Ich glaube, Sie brauchen sich keine Sorgen um Hans zu machen. Wir finden eine Lösung«, sagte sie dann an die Sanitäter gewandt.

Die Männer schienen etwas irritiert, aber da ihre Arbeit erledigt war, verabschiedeten sie und Herr Roth sich und verständigten per Funk die Kollegen.

Marie wurde das Gefühl nicht los, dass Maike

nicht ganz unschuldig an dem schnellen Abgang der Sanitäter war, denn die grinste breit.

»Nun wird alles gut.« Marie strahlte und drückte Hans noch mal fest.

Der nickte verschwörerisch. »Aber jetzt beeil dich.«

Marie sprang auf. »Paps, wir müssen ganz schnell zum Tierheim. Fährst du uns bitte?! Hoffentlich kommen wir nicht zu spät und die Pferde sind noch da. Ich erzähl euch alles unterwegs.«

Als Marie kurz darauf aus dem Autofenster sah, trieb der Wind ein paar welke Blätter über die Straße. Dem Himmel war ein wunderschöner dunkelblauer Ton eingefallen. Wolken entstanden und lösten sich darin auf. Ein eben noch hoppelnder Hase verwandelte sich in einen nach unten wachsenden Baum, der wiederum in ein gemächlich dahinziehendes Krokodil. Marie beobachtete für einen Moment das Schauspiel, und auf einmal begriff sie etwas, ohne dass es ihr jemand erklärte. Ganz gleich, ob etwas vergeht oder Dinge sich verändern, es entsteht immer wieder etwas Neues. Auch wenn sich Hans' Zustand verschlechtert hatte – auf seinem Hof würde etwas Neues entstehen. Etwas, das alle glücklich machen würde.

Transportboxen gefüllt mit kläglich miauenden Katzen stapelten sich vor dem Tierheim im Gras, die humpelnde Ente duckte sich unglücklich in einen Karton, Schweine und Esel warteten angebunden an Bäume auf ihre ungewisse Zukunft. Es waren so viele Tiere, dass sie Marie die Sicht auf das nahmen, was sie verzweifelt suchte: die drei Pferde. Maike, Markus und ihr Vater schüttelten entmutigt die Köpfe. Sie waren zu spät gekommen, die Pferde waren nicht mehr da.

Markus legte Marie gerade tröstend den Arm um die Schulter, als Maike ihn entdeckte: Neben den Koppeln schloss ein mürrisch dreinblickender Mann die Ladeklappe des Tiertransporters, stieg in sein Führerhaus und ließ den Motor an.

Die Freunde rannten, als ginge es um ihr Leben.

»Halt, anhalten!«, schrien sie.

Doch der Wagen setzte sich bereits in Bewegung.

Marie hörte, wie Stracciatella aufgebracht bellte, der Transporter eine Vollbremsung einlegte, die Fahrertür wieder aufgerissen wurde und der mürrische Mann laut fluchte: »Du dämlicher Köter! Mir vor den Wagen zu springen, fast hätte ich dich überfahren!«

Marie rannte ihrem Hund zu Hilfe, nahm ihn beschützend auf den Arm und streichelte sein Köpfchen. »Danke, mein Schatz! Das hast du gut gemacht. Aber pass das nächste Mal besser auf, wenn du dich einem fahrenden Auto näherst. Hörst du? Ich will nicht, dass du unter irgendwelchen Rädern landest!«

Dann richtete sie sich mit lauter Stimme an den Mann. »Laden Sie bitte wieder die Pferde aus. Sie stehen nicht mehr zum Verkauf.«

Dem Mann stieg die Zornesröte ins Gesicht und er wollte sie gerade anschreien, als ihr Vater zu ihr kam und sich schützend vor sie stellte.

»Machen Sie bitte, was meine Tochter sagt. Es hat seine Richtigkeit.«

Inken, die die letzte Katze aus dem Tierheim gebracht hatte, warf Marie einen irritierten Blick zu. »Wieso lädt er die Pferde aus?! Ich weiß doch nicht, wohin mit ihnen.«

Marie strahlte sie breit an und die Worte auf ihrer Zunge schmeckten besser als Bonbons und Sahnetorte. »Aber ich weiß es. Auf den Bauernhof von Hans Kollmer. Er liegt nicht allzu weit von hier und Hans will ihn dem Tierheim zur Verfügung stellen. Wenn wir alle mitanpacken und ihn wieder auf Vordermann bringen, ist er bald ein wunderschönes und großes Zuhause für alle Tierheimbewohner. Auch für dich, Inken, und deine Leute.« Marie wandte sich an ihren Vater. »Seine einzige Bedingung ist, dass er weiter in seinem Wohnhaus leben kann. Aber wenn ihn regelmäßig eine Pflegerin besucht und die Leute vom Tierheim nach ihm schauen, sollte das doch kein Problem sein, oder?«

Dr. Werber lächelte sie an. »Das bekommen wir schon hin. Ich rufe gleich Steffen an und bitte ihn, dass er den Hänger herfährt. Dann können wir die ersten Tiere hinbringen und anfangen, dort ein bisschen klar Schiff zu machen.«

Inken verstand zwar immer noch nicht alles, aber so viel begriff sie: Sie und ihre Tiere waren gerettet. Zärtlich nahm sie Maries Gesicht in beide Hände und die Freudentränen liefen ihr in Strömen über die Wangen.

»Marie, das ist so unglaublich. Du weißt gar nicht, wie dankbar ich dafür bin.«

Dann lief sie zu ihren Pferden und fiel ihnen glücklich um den Hals.

Allen Helfern war die Erleichterung von den Gesichtern abzulesen, sie lagen sich in den Armen und lachten.

Markus und Maike knufften die Freundin liebevoll in die Seite.

»Du bist ein Prachtmädchen ...«, meinte Markus lächelnd.

»... und wir wissen schon, warum wir dich zur Freundin haben«, vervollständigte Maike den Satz.

Ein neues Zuhause für das Tierheim. Ein eigenes Pflegepony. Einen neuen Freund. Marie konnte das alles selbst noch gar nicht richtig fassen. Glücklich und erleichtert drückte sie Stracciatella an sich und blickte in den Himmel.

Die dicken Wolken zogen immer noch ihre gemächlichen Bahnen. Eine Schnecke schwamm durch das tiefe Herbstblau, verwandelte sich in ein Boot, dann in das Gesicht eines alten Mannes. Marie kniff die Augen zusammen, um es genauer erkennen zu können. Nein, sie irrte sich nicht. Es bestand kein Zweifel, das Gesicht des alten Mannes lächelte.

Von Tatjana Geßler ebenfalls erschienen:

1. *Unsere Tierklinik - Rehkitz in Not*
2. *Unsere Tierklinik - Kätzchen vermisst*

Geßler, Tatjana:
Unsere Tierklinik
Rettet die Hundewelpen
ISBN 978 3 522 50274 0

Einbandgestaltung: glanegger.com, Büro für Buch und Grafik, München, unter Verwendung von Motiven von © Stockbyte/Gettyimages, © Rosemarie Gearhart/iStockphoto sowie Motiven von Maaike Boot, Matthew Cole und Aroas, alle © Shutterstock
Foto Hund Tiersteckbrief: © iStockphoto.com (9528713/Vendula Plackova)
Innenillustrationen: Kathrin Treuber
Innentypografie: Eva Mokhlis
Schrift: Bell, Smilage, GoodGirl
Satz: KCS GmbH, Buchholz
Reproduktion: Medienfabrik, Stuttgart
Druck und Bindung: Friedrich Pustet, Regensburg

5 4 3 2 1º 11 12 13 14

www.planet-girl-verlag.de

Tiersteckbrief:
DER HAUSHUND

© iStockphoto

Wissenschaftlicher Name: Canis lupus familiaris

Klasse: Säugetiere

Familie: Hunde

Größe: Es gibt viele unterschiedlich große Hunde, je nach Rasse. Die kleinste Hunderasse ist der Chihuahua, er wird ca. 20 cm groß. Die größte Hunderasse ist der irische Wolfshund. Er kann bis zu 80 cm groß werden.

Besondere Merkmale: Das Ohr des Hundes ist sehr gut entwickelt, sodass er viel höhere Frequenzen wahrnehmen kann als der Mensch.

Heimisch in: Hunde sind mittlerweile auf allen Kontinenten vertreten.

Lebensraum: Der Hund lebt meist als Haustier beim Menschen und wird von ihm z.B. auch als Wach-, Blinden- oder Polizeihund eingesetzt.

Nahrung: Der Hund ist ein Fleischfresser. Am besten füttert man ihm spezielles Hundefutter, das alle benötigten Nährstoffe enthält. Hunde dürfen nicht mit Schokolade, Zwiebeln, Rosinen oder Weintrauben gefüttert werden, weil sie davon eine Vergiftung bekommen können.

Jungtiere: Pro Wurf bekommen Hunde drei bis zwölf Welpen.

Lebenserwartung: Kleine Hunde werden durchschnittlich älter als große Hunde. Sehr kleine Hunde können 15 bis 20 Jahre alt werden. Sehr große Hunde werden meist nicht älter als 10 Jahre.